KB260960

30대 정치학

김종배 지음
30대
정치학
신자유주의와
1990년대 문화,
SNS가 만들어낸
리모델링 세대
반비

일러두기

이 책에 사용된 그림과 표들 중 본문에 출처가 나온 것들은 따로 출처를 밝히지 않았다.

안철수론보다 중요한 유권자론

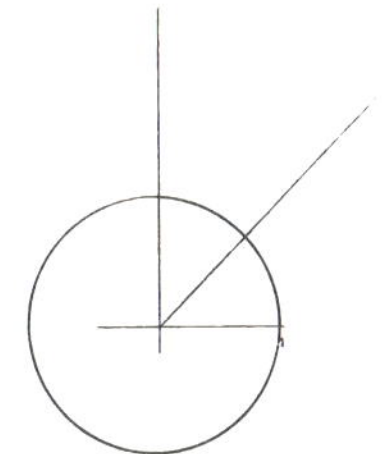

1

참 우여곡절이 많았던 책이다. 한때는 종이 상자 속에 묻혀 있었고, 한때는 잡담거리로 전락했던 내용을 담았으니 파란만장한 탄생과정을 거쳤다고 말해도 무방할 듯싶다.

2011년 늦봄이었다. 11년 반 동안 이어 온 MBC라디오 뉴스브리핑 코너에서 하차한 뒤 평소 벼르던 일을 결행하기로 작정했다. 엎어진 김에 쉬어간다고, 방송 하차로 얻게 된 정신적, 시간적 여유를 그 일 하나에 쏟아부을 요량이었다.

시사평론을 해 오는 동안 머릿속을 떠나지 않던 문제가 있었다. 선거 때마다, 특히 대선 때마다 판을 뒤흔들던 무당파층, 평상시에는 자기 존재를 드러내지 않다가 단 한 번의 기표로 대선 판도를 정리하고, 국정 방향을 가르는 이들의 정체가 무엇인가 하는 것이었다. 2002년 대선 때는 정몽준을 지지하다가 노무현으로 귀착했던, 그리고 2007년 대선 때는 이명박의 손을 들어 올렸던 그 무당파층의 정체를 밝히지 않는 한 우리 정치판을 온전히 읽는 건 불가능하다는 생각이 들었다.

7월과 8월의 삼복더위를 숫자들이 빼곡히 들어찬 여론조사 결과표와 씨름하는 것으로 보냈다. 난수표처럼 어지러이 늘어선 숫자 행렬에서 무당파층의 행로를 읽으려 애를 썼다. 다행스럽게도 가설은 세워졌다. 어떤 사람들이 무당파층인지, 그 사람들이 역대 선거에서 어떤 선택을 했는지 어렴풋하게나마 드러나는 듯했다. 하지만 마지막 고비를 넘지 못했다. 무당파층의 행로를 규명하는 마지막 관문인 2010년 지방선거 여론조사 결과가 두꺼운 바리케이드를 쳤다. 가까스로 세워 둔 가설을 뒤엎는 숫자들이 2010년 지방선거 여론조사 결과표에 담겨 있었다.

일관성이 확보되지 않고, 정합성이 충분하지 않은 탐구 결과를 책으로 엮을 수는 없었다. 땀 냄새가 비릿하게 밴 탐구 결과를 긴 한숨과 함께 종이 상자에 쑤셔 넣어야 했다. 그렇게 두 달여의 작업을 접고 눈을 돌렸다. 또 하나의 집필 과제였던 뉴스 읽기 방법론을 다룬 책(이 책은 이후 『누가 거짓말을 하고 있는가』라는 제목으로 출판됐다)의 마감 시한이 다가오고 있었기에 그리로 눈을 돌리지 않을 수 없었다.

11월 말쯤, 집필 중이던 원고의 끝이 보이기 시작하자 다시 병이 도졌다. 끝내지 못한 탐구에 대한 미련이 스멀스멀 되살아났다. 혹시나 하는 마음에 그 종이 상자를 다시 열었지만 달라질 점은 없었다. 보고 또 봐도 숫자의 행렬은 S자의 굽은 등을 하고 있었을 뿐이다.

그러다가 문득 의외의 숫자 행렬이 눈에 들어왔다. 이전에는 관심

분야가 아니었기에 단 한 번도 눈길을 주지 않았던 자료였다. 1970년대생, 지금 30대의 절대 다수를 차지하는 1970년대생 유권자들의 여론조사 응답표였다. 숫자 행렬이 무당파층의 S자형 행렬과는 전혀 다르게 I자로 곧추 서 있었다. 그 숫자 행렬은 한곳을 향하고 있었다. 진보성이었다. 1970년대생이 2002년 대선 이후 10년 동안 일관되게 진보적인 정치 성향을 보여 왔다고 웅변하고 있었다.

하지만 책으로 엮겠다는 결심을 굳히지는 않았다. 놓쳐 버린 '월척'에 대한 아쉬움이 클수록 잡은 물고기가 작게 보이는 법이라더니 그리 의미 있는 발견이라고는 생각하지 않았다.

잡담거리로만 썼다. 인터넷 신문《프레시안》과 함께 2년 넘게 진행하고 있던 '글쓰기 강좌'의 수강생 핵심이 30대였는데 그들과 뒤풀이를 할 때 술안주로 삼기에 더할 나위 없이 좋았다. 대화 소재가 떨어지면 1970년대생의 정치 성향이 올곧다고, 그 어느 세대보다 진보적이라고 립서비스를 날려 댔다.

한데 반응이 예상 외였다. 자기들 얘기인데도 놀라워했다. '설마'라는 토를 달면서 묻고 또 물었다. 정말 그러냐고, 정말 1970년대생이 가장 진보적이냐고 거듭해서 물어 왔다. 선배인 '386세대'의 위세에 눌리고 후배인 '88만원 세대'의 고난에 미안해하며 살아 왔는데 자기들도 사회적으로 의미 있는 역할을 해 왔다는 사실이 신기하고 놀랍고 기쁘다고 했다.

솔직히 그 직전까지만 해도 세상이 다 아는 얘기일 거라고 생각했다. 2040세대가 운위된 지 오래니까 충분히 규명이 됐을 거라고 생각했다. 그래서 책으로 펴낼 주제는 아니라고 생각했다. 그런데 당사자들의 반응이 전혀 의외였기에 다시 살폈다. 이른바 '30대론'이 어느 정도 정립됐는지 기존 자료를 훑어 봤다. 결과는 생각 밖이었다. 총체적으로 분석한 자료가 없었다. 그때그때 파편적으로 다룬 경우는 있었지만 그나마 20대, 40대와 한 두름으로 엮은 것이 대부분이었다.

책을 쓰기로 작심했다. 자기들 얘기에 한편으론 놀라고 한편으론 기뻐한다는 건 그만큼 억눌려 있다는 것, 자존감이 약하다는 것으로 받아들여졌다. 그 이유를 규명하고 싶었다. 30대, 1970년대생●의 과거와 현재를 들여다보고 싶었다.

『누가 거짓말을 하고 있는가』의 초고를 끝내자마자 바로 포커스그룹 인터뷰(이하 FGI)를 시작했다. 2011년 12월에 연령대별로 FGI를 했다. 30대는 물론 20대와 40대까지 모아 얘기를 들어 봤다. 당사자들이, 그리고 선후배들이 1970년대생을 어떻게 평가하는지 세세하게 묻고 들었다. 마찬가지였다. 글쓰기 강좌의 뒤풀이 자리에서 나왔던 반응처럼 선후배들은 모질게 평가했고 당사자들은 조심스레 자가 진단을 했다. 책을 써야 할 이유가 좀 더 확실해졌다.

2012년 2월까지는 탈고하겠다고 출판사에 큰소리를 쳤지만 빈소리가 되고 말았다. 1월 2일부터 시작한 팟캐스트 방송 '이슈 털어 주는 남자(이하 이털남)'를 정착시키는 데 두 달을 보냈고, 이어서 그 '이털남'에

● '세대'가 지니는 함의가 칼로 자른 듯 명확하지 않기 때문에 이 책에서 '30대'는 2012년 현재 30~39세의 인구라는 엄밀한 의미의 용어가 아니라 1970년대생을 지칭하는 용어이다. 통계를 인용할 때도 이 점에 유의했으나 약간의 착시 현상이 생길 수는 있을 것이다. 독자 여러분의 양해를 구한다.

서 민간인 불법 사찰과 증거인멸 사건을 터느라 두 달을 보내야 했기에 원고 작성은 뒤로 미루어졌다.

키보드 앞에 앉은 시점이 지난 5월 초, 그리고 지금 이 서문을 쓰고 있는 시점이 8월 초니까 석 달 만에 가까스로 원고 작성을 끝낸 셈이다.

2

책을 기획하고 탈고하기까지 1년여의 시간이 흐르는 동안 1970년대생에 대한 사회의 관심이 조금은 높아졌다. 아마도 영화 「건축학개론」의 영향이었을 것이다. 그 후로 「응답하라 1997」, 「신사의 품격」과 같은 TV 드라마까지 나오자 1970년대생에 대한 담론은 더 많아졌다.

하지만 이들에 대한 담론은 아직 대중문화 영역에 국한되어 있다. 아득한 옛 추억의 그림자를 더듬는 감성 취향의 회고가 대부분이다. 여기에 굳이 하나를 덧붙이자면 그건 1970년대생이 소비의 주축으로 부상했다는 식의 상업적 진단이다. 이런 회고와 진단은 그들에 대한 사회적 관심을 높여 준다는 점에서는 긍정적이지만 조금 아쉽다. 거기에 담긴 1970년대생의 모습이 그들의 20대 때 모습에서 크게 벗어나 있지 않기 때문이다. 문화·감성·소비 취향으로 상징되는 그들의 1990년대 모습 말이다.

1970년대생은 과거를 살고 있는 게 아니라 현재를 살고 있다. 「건축학개론」에서처럼, 과거 같은 현재를 사는 게 아니라 과거와는 전혀 다른 현재를 살고 있다. 그 간극, 과거와 현재의 극심한 차이를 보여 주는

영역이 바로 정치 성향이요, 이념 성향이다. 「건축학개론」에서처럼 1970
년대생은 20대일 때는 정치와 담쌓고 지냈지만 30대인 지금은 정치에
가장 가까이 가 있다. 「건축학개론」에서처럼 1970년대생이 20대일 때는
정릉에서 개포동을 향해 나아갔지만, 30대인 지금은 개포동에서 정릉
으로 떠밀리고 있다. 20대일 때는 욕망에 취해 현실을 외면했지만 30대
인 지금은 욕망을 접고 현실에 천착하고 있다.

하지만 어디서도 1970년대생의 이런 변화상은 보여 주지 않는다. 「건
축학개론」은 1970년대생의 옛사랑과 현재의 사랑을 교차해 보여 주지
만, 정치와 언론과 학술은 1970년대생의 옛 의식과 현재의 의식을 교차
해 드러내지 않는다. 그런 점에서 1970년대생에 대한 사회적 관심은 아
직 반쪽짜리다. 제대로 규명해야 할 영역을 아직도 제쳐 놓고 있기에 비
본질적이다.

비록 여러 사정 때문에 게으름을 피우면서도 책을 쓰겠다는 작심
을 거둬들이지 않은 또 하나의 이유가 여기에 있다.

3

석 달 동안 키보드를 두드리면서 책을 쓰길 잘했다는 생각을 했다.
단순히 1970년대생의 '복권'에 일조한다는 자아도취감 때문이 아니다.
영화 속에서 '건축학개론'을 강의하던 교수가 말했다. 평소에 무심코
지나쳤던 동네 골목과 길, 건물을 애정을 가지고 이해하려 하는 것, 이
게 바로 건축학개론의 시작이라고 했다. 그 교수의 말처럼 평소에 무심

코 지나쳤던 1970년대생의 행로를 따라가 보니 새롭게 발견되는 게 있었다. 그것은 새 정치였다. 유권자의 주권이 발양되는 새로운 정치 참여였다.

2012년 대선을 앞두고 인물 탐구가 한창이다. 이른바 '박근혜론', '안철수론', '문재인론'을 담은 책이 쏟아지고 있다. 나름 의미 있는 시도이긴 하다. 누구를 선택하느냐에 따라 5년의 국정이 달라지므로 대선 후보에 대한 탐구는 반드시 필요한 작업이다. 하지만 그 작업에는 한계가 있다.

대선 후보는 객체다. 선택받는 존재이지 선택하는 존재가 아니다. 주체는 유권자다. 유권자의 의식과 판단이 시대가 필요로 하는 대통령 상을 정립하고, 그 상이 현존하는 대선 후보를 평가하는 잣대로 기능한다.

단순한 원칙론이 아니다. 현실 정치에서 작동하는 실제 현상이다. 특히 범진보 진영에서 도드라지는 지배적 현상이다. 이미 여러 차례 목도한 바 있다. 2010년 지방선거가 치러질 때 범진보 진영은 약세를 면치 못했는데도 결과적으로 압승을 거뒀다. 2012년 총선이 치러질 때는 개혁 공천을 하지도, 정책 전망을 제시하지도 못했는데 결과적으로 백중세를 보였다. 정당 득표율 기준으로 범진보가 46.8%의 득표율을 기록해 46.0%를 얻은 범보수를 아슬아슬하게 앞질렀다. 이 같은 정치권의 실태와 선거 결과의 간극은 유권자가 만들어 낸 것이다. 유권자가 삶의 열망을 담아 정치판의 그림을 그리고, 그 그림을 설계도 삼아 정치 지도자의 상을 조각하고, 정치권의 구도를 짠다.

안철수 현상도 이 같은 차원에서 이해할 수 있다. 서울시장 보궐선거를 코앞에 둔 2011년 9월에 느닷없이 등장했다가 뒤로 물러났는데도, 그 후로 오랫동안 치고 빠지기 식의 정치 행보를 보였는데도 안철수에 대한 지지율이 내려가지 않는 건 배면에 깔린 유권자의 의식과 판단이 워낙 강고하기 때문이다. 지금 시대를 관통하는 문제가 뭔지, 그 문제를 해결할 정치 대안이 뭔지에 대한 유권자의 확고한 의식과 판단이 지렛대 역할을 하고 있기 때문이다. 안철수라는 한 인물을 추종하는 게 아니라 유권자가 스스로 정치적 가치와 요건을 설정한 다음에 그에 맞는 인물을 찾아 앉히려는 태도를 견지하고 있기 때문이다.

지금의 정치, 특히 범진보 진영의 정치는 지도자가 끌고 가는 정치가 아니라 유권자가 추동하는 정치다. 따라서 정치를 읽으려면, 나아가 대선의 판세를 읽으려면 반드시 유권자의 의식과 주권 행사의 양태를 읽어야 한다. 하지만 없다. '박근혜론', '안철수론', '문재인론'에는 유권자가 없다.

다행스럽게도 1970년대생을 탐구하면서 유권자의 의식과 주권 행사의 양태를 조금은 살필 수 있었다. 어떤 유권자가 진보 성향을 보이는지, 무슨 이유로 진보 성향을 보이는지, 그 진보 성향을 어떻게 표출하는지를 암시하는 힌트는 얻을 수 있었다. 그 힌트에는 신자유주의 시대의 삶이 있었고, 개방화된 정치 구조가 있었다.

물론 1970년대생의 그것을 유권자 전체의 것으로 일반화하는 것은 무리다. 그래서 '힌트'라는 약한 표현을 쓰지 않을 수 없다. 그래도 감히 말한다. 1970년대생의 의식과 주권 행사 양태가 다른 유권자 층에 시사하는 바는 크다. 무엇에 착목해야 하고, 어떻게 참여해야 하는지를 알려주는 메시지로 삼기에 부족함이 없다. 1970년대생의 성향을 규정짓는 요인이 다른 세대의 성향을 규정짓는 데도 적지 않은 역할을 하기 때문이다. 1970년대생의 정치 참여가 선후배의 정치 참여를 선도적으로 이끌고 있기 때문이다.

이것이 책을 펴낸 세 번째이자 가장 큰 이유다. 유독 1970년대생에게 집중하는 이유다.

4

세대론을 논할 때면 해당 세대가 대학을 다니던 시절의 문화와 시대 환경을 스토리텔링 방식으로 다루곤 했는데 이를 피하고 싶었다. 대학 졸업자가 해당 세대의 일부에 불과한데도 마치 전체인 양 포장하는 것은 왜곡이라 여겼기에, 그리고 1970년대생에 대한 총체적 담론이 단한 번도 제시된 적이 없어 실증이 우선이라고 생각했기에 기존 방법은 일찌감치 제쳐 버렸다.

이 책은 실증을 위해 두 가지 조사 결과에 주목했다. 연령대별 FGI에서 쏟아진 얘기들을 뼈로 삼고 선거를 전후해 실시된 여론조사 결과를 살로 삼았다. FGI의 경우 1980년대생 10명, 1970년대생 9명, 1960년대생 7명이 참여해 짧게는 세 시간, 길게는 네 시간에 걸쳐 진행됐다. 책에 담긴 참석자의 이야기는 본뜻을 살리되 어법과 가독성을 고려해 일부 수정을 한 것이며, 참석자의 이름은 모두 가명이다. 여론조사 결과의 경우 한겨레사회정책연구소와 보건사회연구원이 2012년 1월 31일부터 2월 6일까지 20·30·40대 각 500명씩 총 1500명을 대상으로 웹 서베이 방식으로 실시한 여론조사 결과를 기본 자료로 삼고, 다른 조사 결과를 참조하는 방식으로 구성했다. 여론조사 자료의 경우 조사 시점에 따라 응답자의 출생연대와 연령 구성이 달라지기 때문에 최대한 신중을 기해 제한적으로 해석하려고 노력했지만 출생연대와 연령을 동일하게 대응할 수 없다는 근본적인 한계는 넘어설 수 없었다. 여론조사 결과를 인용하는 과정에서 약간의 오차가 발생하는 건 이 책의 한계이자 문제이다. 독자 여러분의 양해 바란다.

책을 쓰는 과정에서 도움을 주신 분들이 한두 명이 아니다. 번거로운 요청인데도 흔쾌히 FGI에 참석해 허심탄회하게 자기 얘기를 해 준 스물여섯 분에게 먼저 감사의 말씀을 전한다. 프라이버시에 해당하는 얘기까지 스스럼없이 해 준 그분들의 호의가 이 책을 세상에 나오게 만든 원동력이었다.

한귀영 한겨레사회정책연구소 연구위원에게 특별히 감사의 말씀을 드린다. 이 책의 기본 자료인 한겨레사회정책연구소와 보건사회연구원의 여론조사 결과를 원자료 형태로 제공했을 뿐만 아니라 수시로 자문을 해 준 분이다. FGI 참석자들이 뒤에서 밀어 주었다면 한귀영 연구위원은 앞에서 끌어 준 분이다.

'글쓰기 강좌'를 수강했다가 얼떨결에 필자에게 붙잡혀 궂은일을 도맡은 이수진 양과 김태현 군에게도 고마움을 전한다. 세 번에 걸친 FGI의 속기록 분량은 200자 원고지 기준으로 1300장 가까이 된다. 이

엄청난 양의 속기록을 정리하고, 눈이 충혈되도록 웹서핑을 하며 수십 건에 달하는 조사 자료를 찾아 준 이가 이수진 양이다. 김태현 군 역시 세월을 넘나들며 과거 자료를 찾느라 고생을 많이 했다.

마지막으로 고백을 해야겠다. 필자 또한 1970년대생에게 그리 큰 관심이 없었다. 1990년대에 사회가 만들어 낸 이미지에 현혹돼 그들을 '날라리' 정도로 인식해 왔던 게 사실이다. 하지만 지금은 아니다. 애정을 갖고 이해하려 한 순간부터 그런 선입견은 산산이 부서졌다. 「건축학개론」에 빗대어 말하면 '정릉과 개포동 사이'를 오간 1970년대생의 행로를 되밟으며 그들을 새롭게 발견했고 적잖이 놀랐다. 문제가 아예 없는 것은 아니지만 그래도 사회의 그릇된 인식과는 달리 1970년대생은 능동적이고 진취적이다. 뒤늦게나마 30대를 관통하고 있는 1970년대생 후배들에게 애정과 신뢰를 보내며 한 말씀 드린다.

"어깨 펴요! 당신은 충분히 존중받을 만하니까."

1

한국 정치와 2040세대

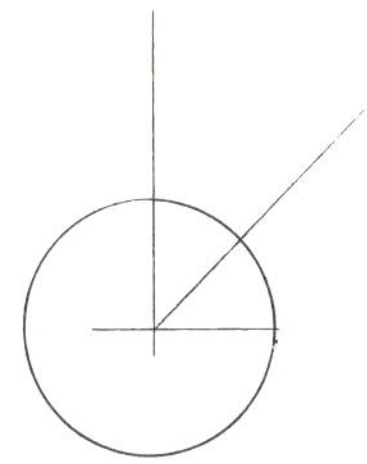

다이내믹 코리아! 보고 또 봐도 잘 지은 구호다. 2002년 월드컵 때 지은 구호니까 출시된 지 10년 된 구상품인데도 생명력은 여전하다. 대한민국의 역동성을 이처럼 잘 표현한 구호는 어디에도 없다.

어디 구호뿐이랴. 월드컵 대표팀도 구호만큼이나 다이내믹했다. 2002년 이전, 네 번의 월드컵 출전 역사는 보잘 것 없었지만 2002년 월드컵 이후부터는 다이내믹한 장면을 연출했다. 2002년 월드컵에서 4강의 신화를 쓰더니 2006년 독일 월드컵에선 16강에도 들지 못하며 부진하다가 2010년 남아공 월드컵에선 원정 출전 사상 처음으로 16강에 드는 성과를 일구어 냈다. 반전에 반전을 거듭하며 최고 수준의 역동성을 보여 주었다.

다이내믹하다는 건 당사자는 물론 지켜보는 사람들까지 엉덩이를 들썩이게 만들기도 하지만 다른 측면도 있다. 역동성이 클수록 안정성은 떨어진다. 반전이 거듭된다는 건 양극을 오간다는 뜻이다. 그런 점에서 보면 다이내믹 코리아가 상징하는 실제 현실은 '트위스트 코리아'다.

트위스트 판을 연출하는 곳은 월드컵 대표팀만이 아니다. 정치도 월드컵 대표팀 못지않은, 아니 그보다 진폭이 훨씬 큰 트위스트 판을 연출해 왔다.

2002년 대선에서 노무현 후보가 혜성같이 등장해 당선됐으나 집권 6개월도 안 돼 지지율이 급락한 데 이어 탄핵을 당하는 전대미문의 일이 벌어지더니, 오히려 그 일이 계기가 돼 2004년 총선에서 원내 과반수의 의석을 얻은 여당이 탄생했고, 다시 2년 후에는 '모든 게 노무현 탓'이라는 유행어가 생길 정도로 반노무현 정서가 극에 달했다.

이명박 정부가 들어선 뒤에도 마찬가지였다. 2007년 대선에서 압도적인 표차로 이명박 정부가 탄생한 데 이어 이듬해 치러진 2008년 총선에서도 원내 과반수를 훨씬 상회하는 공룡 여당이 탄생하더니, 총선이 치러진 지 한 달 만에 촛불이 서울 도심 한복판을 밝혔다. 이때 표출된 반MB 정서가 2010년 지방선거에서 이명박 정부에 치명타를 안기는가 싶었는데, 다시 2012년 치러진 총선에서는 여당이 원내 과반을 점하는 역전 현상이 나타났다.

정치는 이렇게 들쭉날쭉하다. 얼핏 봐서는 일관성이 없어 보인다. 정치 세력 입장에서는 천당과 지옥을 오가는 롤러코스터요, 유권자 입장에서는 한 치 앞을 내다보기 힘든 안갯속 같은 게 한국 정치다. 그래서일까? 정치를 두고 수많은 언어가 동원된다. 어떤 이는 생물이라고

하고, 어떤 이는 개구리라고 하며, 또 어떤 이는 럭비공이라고 한다. 머물지 않는 정치, 어디로 튈지 모르는 정치를 빗댄 말들이다.

하지만 어지러이 전개되는 듯한 정치에도 흐름은 있다. 대표팀이 월드컵 본선 무대에서 트위스트 행보를 보여도 국제축구연맹(FIFA)의 나라별 순위에서는 꾸준한 성장세를 보이는 것처럼 트위스트 정치 현상의 이면에도 큰 흐름이 있다.

마의 48%

지난 10년 동안 치러진 총선과 대선에만 한정해 한국 정치의 흐름을 살펴보자. 선거가 이전 정치에 대한 평가이자 이후 정치에 틀을 지우는 역할을 한다는 점에서 정치 흐름을 살피는 데 이처럼 안성맞춤인 표본은 없다.

한국 정치의 양축을 이루고 있는 새누리당과 민주통합당●이 지난 10년 간 치러진 총·대선에서 거둔 결과를 일별하면 한 가지 특징이 발견된다. 두 당의 득표율 등락폭이 두 배 가까이 차이가 난다는 점이다. 다섯 번의 선거에서 거둔 득표율 가운데 가장 높은 득표율과 가장 낮은 득표율의 차를 보면 새누리당은 12.9%포인트인 데 반해 민주통합당은 23.8%포인트에 이른다. 새누리당의 경우 평균 득표율 42.2%를 기

● 어느 정당 할 것 없이 당명이 자주 교체된 관계로 그때그때의 당명을 그대로 쓰면 인식에 혼란을 줄 우려가 있다. 이에 이전 당명은 무시하고 현재의 당명을 쓰기로 한다.

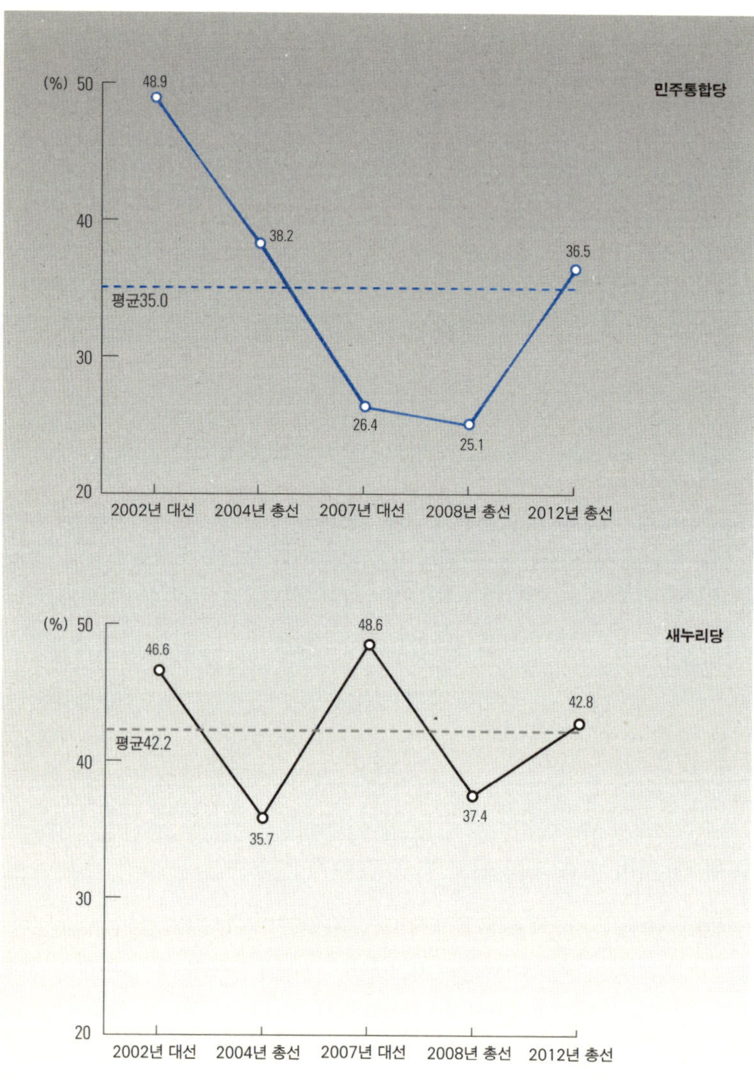

정당별 득표율

출처: 중앙선거관리위원회

준으로 진폭이 +6.4%포인트에서 −6.5%포인트인 반면, 민주통합당은 평균 득표율 35.0%를 기준으로 진폭이 +13.9포인트에서 −9.9포인트에 달한다.

이 같은 수치가 의미하는 바는 이중적이다. 우선 새누리당 지지층이 민주통합당 지지층에 비해 월등히 견고하다는 뜻이 담겨 있다. 새누리당 지지층은 당의 정치 성적표가 어떻든, 당이 내세운 대선 후보가 누구든 일편단심으로 지지하는 성향이 강한 반면 민주통합당 지지층은 그 당의 정치 성적표에 따라, 그 당의 대선 후보 면면에 따라 일희일비하는 성향이 강하다는 뜻이다. 새누리당 지지층은 무조건적 지지 성향이 강한 반면 민주통합당 지지층은 비판적 지지 성향이 강하다는 뜻이다.

거꾸로 외연 확장력에 현격한 차이가 있다는 뜻도 담겨 있다. 새누리당은 단골손님 위주로 장사를 하는 반면 민주통합당은 행인 위주로 장사를 한다는 뜻이다. 새누리당이 ‘개 아니면 걸’ 식의 관리형 정치를 해 왔다면 민주통합당은 ‘도 아니면 모’ 식의 모험형 정치를 해 왔다는 뜻이다. 새누리당은 점포 정당인 반면 민주통합당은 보부상 정당이라는 뜻이다.

이렇게 보면 트위스트 정치 현상의 발원지는 민주통합당이다. 더불어 민주통합당 주변에서 배회하는 유권자들이다. 이들의 정치적 선택에 따라 한국 정치가 춤을 춘다. 민주통합당이 새누리당에 비해 평균 득표율이 7.2%포인트나 떨어지는데도 장군멍군식 트위스트 판을 연출했던 데서 거듭 증명된다.

그러나 분명히 할 필요가 있다. 장군멍군식 트위스트 정치 현상이 연출되었다고는 하나 그건 겉모습이다. 속살이 규명되지 않은 수박 껍질이다. 성질을 분석해 보면 전혀 다른 결과가 도출된다. 다시 환기하자. 새누리당과 민주통합당의 평균 득표율은 42.2%와 35.0%다. 여기에 두 당의 외연 확장 최대치 6.4%포인트와 13.9%포인트를 합산하면 각각 48.6%와 48.9%가 된다. 단 0.3%포인트 차다. 이 수치 하나가 웅변한다. 선거의 승패는 대부분 48%에서 갈린다. 48%를 기준으로 1%를 더하는 당은 이기고 1%를 잃는 당은 진다. 두 당이 플러스 게임을 펼칠 경우, 두 당이 고정 지지층을 까먹지 않고 외연 확장력을 최대로 발휘할 경우로 한정하면 이런 공식이 성립한다. 군소 정당의 표 잠식이 최소화되면서 선거 구도가 양자 대결로 짜이는 대선 같은 경우 말이다.

48%의 고지를 넘는 일, 아무리 봐도 민주통합당에는 벅차 보인다. 민주통합당이 그러모아야 하는 13.9%포인트와 새누리당이 그러모아야 하는 6.4%포인트의 차가 너무 크다. 두 배가 넘는다. 민주통합당은 더 많은 유권자를 상대로 설득해야 하고, 더 많은 유권자의 월경을 막아야 한다. 새누리당보다 갑절은 많은 노력을 기울여야 한다.

정반대로 두 당이 마이너스 게임을 펼칠 경우, 두 당에서 외연 확장은 고사하고 고정 지지층 지키기가 급선무가 되는 경우 선거는 해 보나 마나다. 새누리당은 6.5%포인트의 표를 잃지만 민주통합당은 9.9%포인트의 표를 잃는다. 민주통합당이 새누리당과의 경쟁에서 승리할 때는 대부분 아슬아슬하게 이긴 반면에 패배할 때는 대부분 힘 한 번 써 보지 못하고 진 데에는 그만한 이유가 있었다.

한국의 보수와 진보

민주통합당이 48% 고지를 넘는 가장 쉬운 방법은 진영에 의지하는 것이다. 선거 구도를 정당 대결이 아니라 진영 대결로 몰아가 진보 성향 유권자들을 총결집시키는 방법이다. 반면에 새누리당은 굳이 진영에 의지할 필요가 없다. 범보수의 총결집을 이루는 수고를 할 필요 없이 자기 당의 고정 지지층에 알파만 붙이면 된다.

이 방법은 이론 속에 존재하는 공학이 아니다. 현실 정치에서 실제로 작동되는 선거 전략이다. 대선을 앞두고 민주통합당이 야권 연대에 목을 거는 반면 새누리당은 보수대연합에 시큰둥한 반응을 보이고 있지 않은가.

특히 범진보의 연대 움직임은 최근 들어 더욱 도드라지고 있다. 1997년 대선과 2002년 대선에서 DJP 연합과 노무현-정몽준 단일화가 이루어진 적이 있지만 이는 범진보와 범보수의 진영 대결 구도로는 설명될 수 없는 연대였다. 지역 연합 또는 반새누리당 연합의 성격을 띠는 정치적 합종연횡이었다. 반면에 2010년 지방선거에서 부분적으로 추진되고 2011년 서울시장 보궐선거와 2012년 총선에서 전면적으로 추진된 야권연대는 정치적 합종연횡을 뛰어넘어 정책연합을 추구하는 연대였고, 이런 흐름은 다가오는 대선을 앞두고도 그대로 이어지고 있다.

이처럼 범진보 진영에서 연대 움직임이 갈수록 본격화하고 있는 만큼 정당 대결 구도를 넘어 진영 대결 구도를 분석틀로 삼는 것은 불가피하다.

그럼 범진보와 범보수의 상태는 어떨까? 범진보 진영은 총결집할 수 있을까? 범보수 진영은 새누리당의 부족한 2%포인트를 채워 줄 수 있을까?

본격적으로 분석을 시작하기에 앞서 전제할 게 있다. 진보와 보수 개념이다. 사실 진보·보수 개념은 실체가 없는 상대적 개념이다. 관계 속에서만 규정되는 상대적 개념일 뿐이다. 민주통합당이 새누리당에 비해 상대적으로 진보이지만 동시에 통합진보당에 비해 상대적으로 보수인 것처럼 말이다. 유럽의 경우를 끌어와 진보는 사회민주주의요, 보수는 자유주의라는 식의 고정된 구분법을 들이미는 사람도 있긴 하지만 이는 한국의 특수성, 즉 사회·역사적 배경을 고려하지 않은 정태적이고 교조적인 구분법이다. KBS의 「미녀들의 수다」라는 프로그램에 출연했던 따루 살미넨이란 핀란드 여성이 말한 바 있지 않은가? "한국의 진보는 우리나라의 보수 같다"라고. 진보와 보수는 구현되는 땅의 토질과 환경에 따라 수준과 강도를 달리한다.

그럼에도 불구하고 현실 정치에서 나타나는 범진보 단일화 움직임을 살피기 위해 어쩔 수 없이 진보와 보수 개념을 나눈다면 한국 상황에 맞춰 크게 두 가지의 기준을 설정할 수 있을 것이다. 첫째, 정치적 기준이다. 새누리당을 기준으로 이 당에 손을 내밀 수 있는 정당과 주먹을 날릴 정당으로 구분할 수 있다. 친새누리당과 반새누리당의 구도다. 범진보 진영의 스펙트럼이 매우 넓어 한마디로 규정할 수 없는 반면에 범보수 진영은 새누리당을 축으로 일관되게 존재해 왔다는 점에서 새누리당을 보수와 진보를 가르는 기준으로 삼는 것이 현실적이다.

둘째, 정책적 기준이다. 새누리당의 박근혜 의원이 대선을 앞두고 정책적으로 좌클릭하는 모습을 보이면서 기준이 다소 모호해지긴 했지만 그래도 아직까지 유지되는 정책 기준은 시장에 대한 국가의 개입 정도, 그리고 북한에 대한 태도다. 범보수 진영은 시장에 대한 국가의 과도한 개입을 반대하고 북한에 대결적 자세를 취하는 반면, 범진보 진영은 시장에 대한 국가의 적절한 개입을 주장하고 북한과의 교류와 협력을 추구한다.

이 같은 최소한의 기준을 갖고 나누면 범진보 진영은 민주통합당을 기준으로 그 왼편에 위치해 왔던 통합진보당과 나머지 진보정당들(창조한국당, 진보신당 등)이고, 범보수 진영은 새누리당을 기준으로 그 주변에 위치해 왔던 선진통일당 등의 군소 보수정당들이다.

이렇게 가름하고 나서 범진보 진영과 범보수 진영의 득표율 등락폭[•]을 분석하면 아주 재미있는 결과가 도출된다. 범진보 진영의 득표율 등락폭은 23.7%포인트로 정당 대결 시의 민주통합당 등락폭 23.8%포인트와 별 차이가 없지만 범보수 진영의 득표율 등락폭은 25.2%포인트로 정당 대결 시의 새누리당 등락폭 12.9%포인트에 비해 두 배 가깝게 띈다. 그뿐이 아니다. 비록 근소하지만 등락폭이 범진보에 비해 커진다. 왜 이런 결과가 나타날까?

범진보 진영의 득표율 등락폭이 민주통합당의 득표율 등락폭과 별 차이가 없다는 것은 민주통합당 외의 진보정당들이 비교적 안정세를

[•] 득표율 1% 미만인 경우는 합산에서 제외했다.

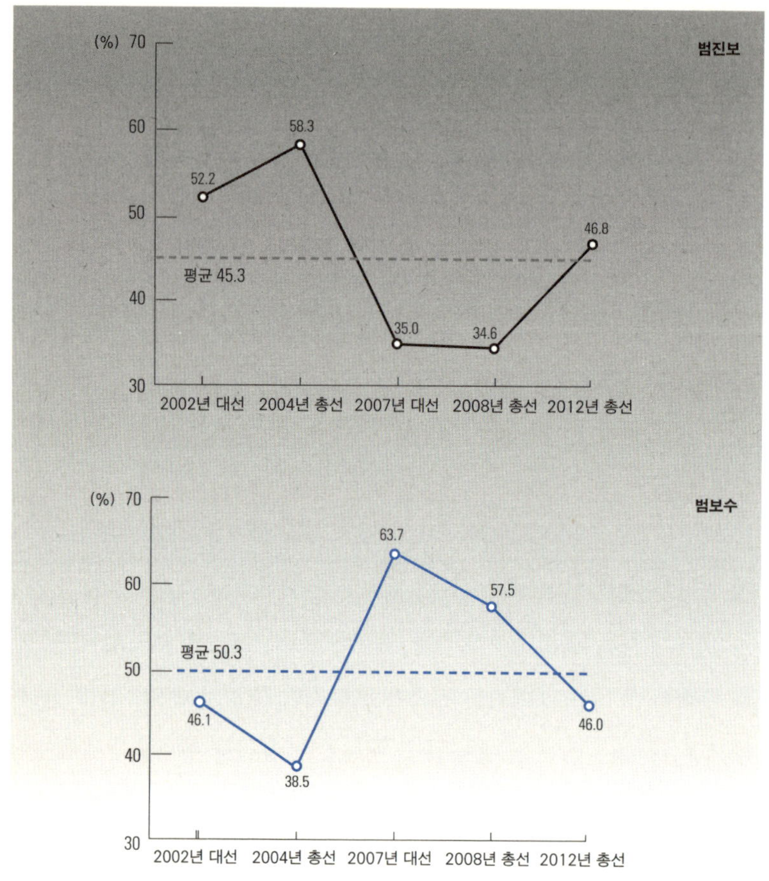

진영별 득표율   출처: 중앙선거관리위원회

보인다는 얘기다. 다시 말해 범진보 진영의 득표율 등락폭은 다른 진보 정당들이 아니라 민주통합당에서 기인한다는 얘기다. 범보수 진영의 득표율 등락폭이 새누리당의 득표율 등락폭에 비해 두 배 가깝게 올라

가는 것은 새누리당 외의 보수정당들이 불안정하다는 얘기다. 새누리당은 안정된 지지층을 확보하고 있는 반면 나머지 보수정당들은 흥망성쇠를 되풀이하고 있다는 얘기다.

이 같은 진단은 다른 경로를 통해서도 확인된다. 범진보 진영과 범보수 진영의 평균 득표율을 비교해 보면 민주통합당 외의 진보정당 지지세가 새누리당 외의 보수정당 지지세에 비해 상대적으로 높다는 사실이 확인된다. 범진보 진영의 평균 득표율은 45.3%로 민주통합당의 평균 득표율 35.0%에 비해 10.3%포인트 증가한 반면, 범보수 진영의 평균 득표율은 50.3%로 새누리당 평균 득표율 42.2%에 비해 8.1%포인트 증가한 데 그친다. 민주통합당과 새누리당을 제외하고 보면 진보정당의 지지세에 비해 보수정당의 지지세는 허약하다.

보수정당의 지지세가 허약하다는 것만 중요한 게 아니다. 새누리당 외의 보수정당을 지지하던 유권자들의 성향이 더 중요한 문제다. 이들은 진영을 넘나든다. 민주통합당 외의 진보정당을 지지하는 유권자들이 범진보 진영 안에서 움직이는 것과는 달리 새누리당 외의 보수정당을 지지하는 유권자들은 범보수 진영 밖으로 나가기도 한다. 그 단적인 예가 충청지역의 표심이다. 원래 이곳은 선진통일당의 지지 기반이 강했던 곳. 그러나 선진통일당의 세가 약화된 후 민주통합당과 새누리당의 각축장으로 변해 버렸다. 선진통일당을 지지하던 상당수 유권자들이 새누리당과 민주통합당으로 갈린 결과로, 이 같은 사실은 이곳의 유권자 상당수가 무당파화 또는 부동층화했음을 뜻한다.

이렇게 보면 범진보 진영과 범보수 진영의 출발선은 같다. 두 진영

모두 2% 게임에서 성패가 갈린다. 범진보 진영은 단일화를 이루어 내더라도 마의 48% 고지를 넘기 위해 2%를 추가로 득표해야 하고, 범보수 진영은 단일화를 기준으로 2%의 감표를 막아야 한다. 민주통합당이 추진하는 야권연대 전략과 새누리당이 고려하는 플러스알파 전략에 기초해 말하자면 민주통합당은 범진보 진영 전체의 결집에서 한 발 더 나아가 진영 바깥에 있는 부동층이나 보수층을 끌어와야 하고 새누리당은 당 밖의 보수 유권자 가운데 70% 이상을 당겨와야 한다. 두 진영 또는 두 당 모두에게 결코 녹록치 않은 과제다.

이렇게 보면 진영 대결의 키를 쥐고 있는 유권자는 부동층이다. 이들이 어떤 선택을 하느냐에 따라 판이 갈리기 때문이다. 하지만 이들은 최종 단계에서 캐스팅 보트를 행사하기는 해도 과정에서 주도권을 쥐지는 못한다. 부동층의 특징은 정당(나아가 진영) 충성도가 약하다는 것, 따라서 이슈 하나에 일희일비하는 성향이 상대적으로 강하다. 게다가 대세를 좇는 경향도 강하다.

이 점을 감안하면 키를 쥐고 있는 쪽은 또다시 범진보 진영이다. 이들이 선거 이슈를 주도하는지 여부에 따라, 이들이 총결집해 판세의 주도권을 쥐는지 여부에 따라 부동층의 견인 여부가 갈린다. 특히 다가오는 2012년 대선에서는 더더욱 그렇다. 범보수 진영은 상대적으로 견고하다. 박근혜라는 부동의 축이 존재하기 때문에 분열과 감표의 소지가 극히 적다. 반면에 범진보 진영은 불안정하다. 대선 주자의 개별적인 경쟁력이 박근혜에 밀린다. 누가 돼도 박근혜와 한 판 겨루어 볼 만한 게 아니라 누구라 할 것 없어 모두가 하나로 뭉쳐야만 그나마 박빙의 대결을 해 볼 수 있는 상황이다. 범진보 진영의 단일화만이 2% 게임에 나서 볼 수 있는 필요조건이다. 이 과제가 풀리지 않는다면 부동층의 견인을 거론할 필요조차 없다. 해 보나 마나 한 싸움이 되기 때문이다.

2040세대의 파워

이제 논의 범위를 좁히자. 트위스트 정치 현상을 연출하는 주체가 범진보 진영이라는 사실이 확실해진 만큼 논의의 초점을 범진보 진영으로 한정하자. 어떤 요인이 범진보 진영을 추동하는지를 살펴보자.

정치의 기본에 따르면 진보는 계급이 추동한다. 경제적으로 열악한 처지에 있는 계급이 의식화되고 조직화되면서 범진보 진영의 젖줄 구실을 한다. 하지만 한국에서 이 기본은 아직 생뚱맞은 얘기다.

《한겨레》가 한겨레사회정책연구소와 함께 2012년 5월 6일에 전국의 성인 남녀 800명을 대상으로 여론조사를 실시한 결과 '나는 진보다'라고 답한 응답자가 경제적 상층은 35.0%였던 반면 경제적 하층은 17.4%에 불과했다. 자신의 경제적 지위와는 정반대의 이념 성향을 보인 것이다.[•]

사실 이 같은 여론조사 결과는 새로운 것이 아니다. 선거 역사에서 수도 없이 보았던 현상이다. 따라서 계급의 반계급적 성향 그 자체는

• 《한겨레》, 「빈곤층은 왜 보수정당을 지지하는가」, 2012년 5월 15일자

새로운 탐구 대상이 아니다. 관심사는 그런 성향이 나타나는 이유다.

일각에서는 그 이유로 노조에 가입한 노동자의 비율인 노조 조직률을 든다. 10% 미만의, 극히 낮은 노조 조직률[*]이 원인이라는 것이다. 노동자가 조직화되어 있지 않음으로써 계급의식이 고취되지 않는다는 것이다. 하지만 이는 일면적이다. 서구 유럽의 여러 나라에서는 노조 조직률이 우리나라와 비슷한데도 계급의식이 높다는 점만 갖고 하는 말이 아니다. 더 근본적인 문제가 있다. 우리 노조는 주로 기업형 노조여서 노조 조직률이 높아진다 해도 그 범위가 사업장으로 한정된다는 문제가 있다. 그리고 그 노조가 대부분 대기업 노조이고 정규직 위주의 노조라는 점도 문제다.

시민의 민주의식이 시민혁명을 겪으며 고취되듯 계급의 계급의식 또한 계급의 연대투쟁을 거칠 때 가장 높게 고취된다. 사업장과 계층을 뛰어넘어 노동자 전체의 연대가 이루어지고, 연대의 결과로 얻어진 권익이 다시 노동자 전체에 되돌아오는 경험을 통해서만 계급의식은 고취된다. 하지만 우리 역사에서는 이런 경험이 없다. 1987년 노동자 대투쟁이 있었다고는 하지만 그건 일부 대사업장 중심의 개별 투쟁이었다.

우리나라에서는 계급의 연대가 구축되기는커녕 노동자에 대한 이데올로기 공세와 계층 분리 전략이 집요하고 파상적으로 전개되어 왔다. 노동자의 투쟁이 공익을 해치는 것처럼 몰아가는 여론 조작이 수도 없이 시도됐고, 노동자 상층에 경제적 혜택을 집중함으로써 노노간 분

- 한국노동연구원의 노동통계 결과에 따르면 우리나라의 노조 조직률은 2010년 기준으로 9.7%에 불과하다.

열을 유도했다. 계급의 반계급적 성향은 이런 역사적, 구조적 원인에 기인하는 것이다.

자영업자의 경우는 더 심하다. 대기업의 영역 침범과 점포 간 과당 경쟁 때문에 갈수록 삶의 환경이 열악해지고 있지만 이들은 아예 조직화될 틀 자체가 없다. 게다가 자영업의 속성상 성장 담론에 취약할 수밖에 없다. 장사가 잘되려면 돈이 돌아야 하고 돈이 돌려면 성장세가 지속되어야 하기 때문이다. 자영업자들이 민감하게 반응하는 성장 담론, 이것은 전통적으로 보수의 전유물이었다.

계급의식이 희박하면 그 자리에 지역민의 이해관계, 무작위 대중의 군중심리가 스며들게 된다. 지역감정이나 지역개발 논리 같은 것 말이다. 이미 지겹게 본 현상이다. 계급의 이익을 좇기보다 지역의 맹주를 추종하는 현상은 역대 선거에서 보고 또 본, 아주 익숙한 풍경이다.

계급을 대신해 진보의 젖줄 구실을 하는 집단은 세대다. 2040세대라고 불리는 사람들이 압도적인 지지세로 범진보 진영의 약진을 견인하고 있다. 2002년 대선에서 본격적으로 나타난 이 같은 세대 현상은 10년이 흐른 지금도 여전하다. 2040세대는 범진보 진영에 2002년 대선에서 60% 안팎의 지지율을 보였으며, 2012년 총선에서도 50%가 넘는 지지율을 선사했다.

누구나 다 아는 2040세대의 파워를 재삼 강조하는 까닭이 있다. 앞서 언급한 계급의 반계급적 성향을 극복할 수 있는 단초 또한 이 세대에서 움트고 있기 때문이다.

《한겨레》의 여론조사 결과에 따르면 경제적 하층 가운데 20~49세

연령대의 87.1%가 2012년 총선에서 범진보 진영을 지지한 것으로 나왔다.[*] 경제적 하층 전체의 46.2%가 새누리당에 표를 던졌다는 응답과는 현격한 차이를 보이는 수치다. 경제적 하층 내에서도 세대 대결이 본격화하고 있음을 의미하는 것이다.

같은 경제적 하층인데도 2040세대가 이전 세대보다 월등히 강한 진보 성향을 보이는 이유에 대해 한귀영 한겨레사회정책연구소 연구위원은 다음과 같이 분석한다.

> 빈곤층의 상당수가 노인이다. 이들은 한국전쟁과 급격한 산업화 과정을 거치면서 냉전·반공 이데올로기와 성장주의를 당연하게 받아들였다. 민주화 이후 반공 이데올로기는 약해졌지만 성장주의는 오히려 강화됐다. 그 결과 가난한 이들과 보수정당은 긴밀한 관계를 형성하고 있다. (중략) 젊은 빈곤층은 냉전·반공 이데올로기로부터 자유롭고, 신자유주의와 양극화 흐름 속에서 삶의 기회가 박탈당하고 있다는 절박한 인식을 갖고 있기 때문에 민주·진보 성향을 띠게 되는 것으로 보인다.[**]

한귀영 연구위원의 분석에 따르면 2040세대의 진보 성향은 연령 효과에 따른 결과만이 아니다. 피 끓는 젊은 혈기가 진보 성향으로 이어졌다는 단순 분석에 그치지 않고 이념과 경제 요인을 두루 살핀 분석

[*] 《한겨레》, 「젊은 빈곤층의 변화 가능성」, 2012년 5월 16일자
[**] 《한겨레》, 위의 기사

이다. 나이와 진보의 상관관계를 확인하는 분석임과 동시에 계급의식
과 진보의 상관관계도 드러내는 분석이다. 그런 점에서 이 분석은 의미
가 있다.

삼각편대의 꼭짓점

하지만 한 발 더 나갈 필요가 있다. 2040세대가 공통적으로 진보 성
향을 보인다고는 하지만 그건 장년층과의 비교 평가에서 도출된 얘기
일 뿐이다. 2040세대만 따로 떼어 분석하면 연령대별로 적잖은 편차가
발견된다.

도드라지는 세대는 30대다. 20대와 40대에 비해 30대의 진보 성향
이 상대적으로 높다. 20대와 40대가 조금은 오락가락하는 경향을 보이
는 반면 30대는 상대적으로 일관된 모습을 보인다. 아울러 진보 성향
이 어떤 요인에 의해, 어떤 경로를 통해 추동되는지를 비교적 명확하게
보여 주는 세대도 30대다. 그 요인은 상징적이고 그 양태는 역동적이다.

삼각형에 꼭짓점이 있듯이 2040세대에도 꼭짓점이 있다. 20대, 30
대, 40대가 삼각편대를 이루어 범진보 진영을 지지한다고 하지만 삼각
편대의 꼭짓점은 30대다. 30대가 앞에서 끌고 20대와 40대가 뒤에서 민
다. 이게 2040세대의 대형이다.

의외일지 모른다. 30대를 탈정치화된 문화세대쯤으로 여겨 온 사회
전반의 시선에 기초하면 뜬금없는 소리로 들릴지 모른다. 하지만 엄연

한 사실이요, 부인할 수 없는 진실이다. 실증 자료는 분명 그렇게 말하고 있다. 그 이유에 대해서는 천천히 살펴보기로 하고 우선은 정말 그런지 자료로 확인해 보자.

진보의 꼭짓점:

30대의 정치의식

2

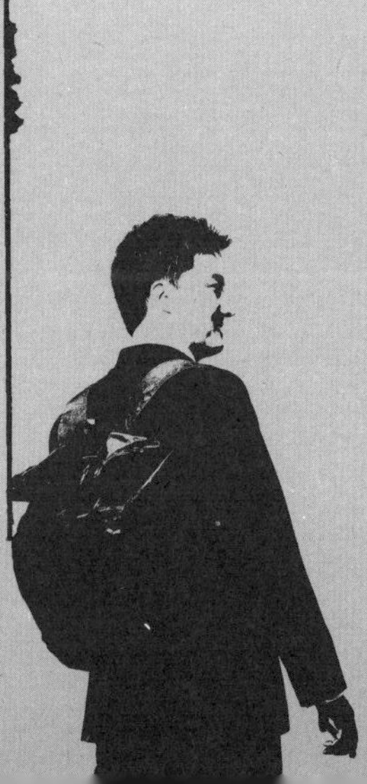

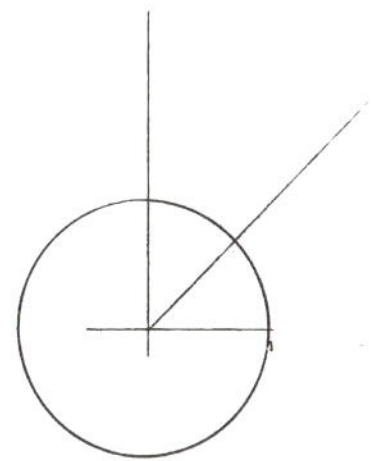

'그들'에겐 이름이 없다. 선배들에게는 '386세대'라는 호칭이, 후배들에게는 '88만원 세대'라는 별칭[•]이 붙었지만 '그들'에게는 이렇다 할 이름이 없다. 기껏해야 1990년대 초반에 회자됐던 'X세대'라는 꼬리표만 가끔 거론될 뿐이다. '어디로 튈지 모른다'는 의미의 'X세대', '정체를 알 수 없다'는 의미의 X세대, 냉소와 폄하가 깔려 있는 'X세대'란 꼬리표 말이다. 1970년대에 태어난 지금의 30대, '그들'에겐 이런 냉소적인 별명 외에 변변한 이름이 없다. 그만큼 사회는 '그들'에게 관심이 없고 애정이 없다.

2010년 지방선거에서 20·30·40대가 이명박 정부를 향해 분노의 투표를 하자 '2040세대'라는 새로운 별칭이 생겨났지만 여기서도 '그들'

[•] 이 책에서는 이런 별칭의 적절성 등에 대해서는 따지지 않겠다. 가장 일반적으로 통용되는 별칭이란 점만 고려해 그냥 차용하기로 한다.

은 소외되어 있었다. '20대부터 40대까지'라는 뜻의 호칭이기에 어쩔 수 없는 측면이 있지만 아무튼 '그들'은 또 한 번 '삭제'됐다. 20대와 40 대의 틈바구니에 끼여 이리저리 치이고, 도매금으로 팔리는 신세를 면치 못하고 있다.

'그들'의 신세가 얼마나 처량한지를 단번에 알 수 있는 사례가 있다. 2012년 총선 직전의 풍경 한 토막이다.《동아일보》가 전했다. 선거를 두 달여 앞둔 2월 5일, 1970년대에 태어난 민주통합당의 총선 예비후보와 당원 10여 명이 기자회견을 열어 "1970년대생에게 지역구 공천의 10% 이상을 할당하라"라고 요구한 사실과 함께 이에 대한 386 정치인들의 반응을 전했는데, 그게 아주 야박한 것이었다. "X세대는 대학 다닐 때 시대적 상황에 대한 고민도 없었고 사회참여도 제대로 안 했으면서 이제 와서 정치 열매를 따 먹겠다는 것이냐" 하는 반응이었다.《동아일보》는 이런 평가를 전하면서 '그들'을 "정가 선점한 386에 눌리고, 떠오르는 '앵그리 영 맨' 20대에 치이는 정치 샌드위치"라고 규정했다.

물론 이런 평가는 일면적이다. 정치활동을 하고 있는 극소수의 '그들'에 대한 정치권 내부의 평가다. 따라서 정치권 내의 이런 평가를 '그들' 전체에 대한 평가로 일반화할 이유는 없다. 그래도 다르지 않다. 시야를 넓혀 '그들' 전체에 대한 대중의 평가를 살펴도 별반 다르지 않다. 악평이 적잖다. FGI에서 '88만원 세대'와 '386세대'가 쏟아 낸 평가가 그런 경우다.

● 《동아일보》, 「'정치 샌드위치' 70년대생 X세대 갈 곳이 없다」, 2012년 2월 8일자

원흉과 피팅룸

'88만원 세대'의 상당수가 '그들'을 두고 '호강했던 세대', '자기만 아는 세대', '잘 노는 세대', '이기주의와 개인주의에 물든 세대' 등등의 혹평을 쏟아 냈다. 심지어 어떤 '88만원 세대'는 '원흉'이라고 표현하기도 했다. 지금의 20대를 이렇게 만든 '주범'이라는 것이었다. 1980년대 학생운동의 전통과 '386세대'의 의식을 이어가기는커녕 오히려 단절한 장본인이라는 비판이었다.

김종배 지금의 30대에 대해서 어떻게 생각하세요?

김길동 우리를 이렇게 만든 원흉 같습니다. 우릴 이끌어 줄 사람이 필요했는데, 386세대의 입지를 제대로 이어 가지 못한 세대가 아닌가 싶어요.

이철수 저는 뒤늦게나마 친구가 될 수 있는 세대라고 생각합니다. 김길동 씨 말대로 386의 뜻을 이어 오지 못했지만 이제는 깨닫는 것 같아요.

박영희 저도 단절 비슷하게 생각하는데요. 제 주변 30대들이 정말 많이 놀아요. 지금 30대 가운데 직장을 가진 사람들은 혼자 살겠다는 의식을 갖고 있기 때문에 정말 잘 놀아요. 여가를 잘 즐기고 자신만을 위해 사는 사람들이 정말 많거든요. 그분들이 정치에 조금씩 관심은 갖지만 자기 여가에 대해서 더 생각해요.

최소영 돈을 쓸 줄 아는 세대 같아요. 그 전 세대는 돈을 아끼셨잖아요. 근데 골드미스도 나오고, 굳이 결혼하지 않아도 돈이 있으면 내가 꿈꾸는 미래를 누릴 수 있다고 생각하는 것 같아요. 30대를 보면 여행을 갔다 오는 거에 대해서 돈을 아까워하지 않는 것 같아요. 자기한테 투자하는 것에 대해서 아까워하지 않아요. 30대들이 저한테 '돈을 아껴 쓰기보다는 너한테 투자를 많이 해라'라는 식으로 조언을 해 줘요.

정현석 이기주의나 개인주의에 영향을 받았던 세대가 아닌가 싶어요. 어떻게 보면 지금의 우리들도 그렇지만 이기주의와 개인주의가 이때부터 시작되지 않았나 싶어요. 자기만 생각하는 그런 느낌. 아까 단절이라는 지적도 그런 이유에서 나온 게 아닌가 싶어요. 자신들이 사회에 나가고 적응하는 과정에서 자신들만 생각하기 때문에 뒤에 있는 세대를 끌고 가는 것에 신경을 안 쓰지 않았나 싶어요.

신현숙 어쩔 수 없는 것 같아요. 홀랑 받아먹을 거 다 받아먹다가 취업이 안 되고 하니까 정치에 어쩔 수 없이 관심을 갖게 됐지만.

고미연 저는 카드를 쥐고 있는 주체라고 생각해요. 단절시켰던 주범이라고 볼 수도 있지만 지금 또 가능성을 보여 주는 것 같아요. 서울시장 선거에서 30대 참여가 가장 높았어요. 세대를 연결시켜 줄 수 있는 다리 역할로서 가장 큰 주체가 되지 않을까.

양현수 제 주변의 30대는 저희 삼촌 정도인데, 그때 대학 생활 얘기를 들어 보면 좋았던 것 같아요. 항상 풍족했고, 놀면서 공부해도 좋은 데 들어갈 수 있었고. 그런 상황 속에서 개인주의나 자유를 만끽했던 것 같아요. 한마디로 호강했던 세대죠.

'그들'에 대한 '386세대'의 평가도 크게 다르지 않았다. '무색무취 세대'라고 평하는 사람도 있었고, '얌체'라고 비판하는 사람도 있었다.

'무난한 시대에 살면서 개인주의에 물든 세대'라고 평하는 사람도 있었다. 특히 한 사람은 '그들'의 특성을 '피팅룸'에 비유했다. 옷 가게에서 옷 갈아입는 곳을 '피팅룸'이라고 부르는데 '그들'의 행태를 보면 그곳이 생각난다고 했다. "자기만의 공간에 들어갔다가 세상에 나오고, 그런 출입을 편하게 또 자유롭게 할 수 있는 세대"라고 했다. 들락거리는 세대, 다시 말해 일관성이 없는 세대라는 평이었다.

김종배 30대를 보면 어떤 생각이 드십니까?

서의균 30대의 정체성이 뭔지 잘 모르겠어요.

이재일 같이 묻어갔던 것 같아요. 회사 내에서도 거의 같이 움직였던 것 같고, 단지 아래 위로 나눠져 있었을 뿐.

서의균 지금 20대가 겪는 문제도 비슷하게 겪었던 것 같지 않고.

남헌표 글쎄요. 저도 큰 차이를 못 느꼈던 것 같아요. 큰형과 막내 차이? 같이 일하는 부하 직원? 그런 정도의 차이라고만 느꼈죠.

박미숙 30대가 40대를 볼 때는 약간 존경심이 있어요. 40대가 싸움의 중심에 섰었으니까. 그래서 쭉 따라오기도 하고 말도 들어요. 그러니까 선배들을 약간 부러워하면서도 경계를 하는.

김종배 왜 경계를 하죠?

박미숙 자기들은 안 했으니까.

서의균 저희 단체를 보면 30대들이 따로 모임을 만들어요. 걔네들이 40대들이 만든 조직에 왔다가 '나랑 안 맞네' 하면서 뜻 맞는 친구들끼리 나가서 새로운 조직을 만들어요. 그러곤 와해되죠.

이재일 좀 더 개인주의적인 것 같아요. 회식을 하거나 퇴근을 할 때 '오늘 술 한 잔 하지' 그러면 다 따라왔는데 30대부터는 이유를 댔던 것 같아요. '뭐 때문에 안 되는데요. 뭐 때문에 못 가는데요'라고 하면서.

남헌표 저 같은 경우에는 뭐랄까, 오히려 30대들이 앵기는 모습에서 동질감을 느낀다고 할까요. '상무님 같이 술 한 잔 하시죠' 이러거든요.

김종배 30대의 정치의식에 대해서는 어떻게 평가하십니까?

박미숙 30대도 파란색은 싫어하던데요. 속으로는 반대하지만 대놓고 말은 잘 안 하는 것 같아요.

남헌표 내가 선거를 통해서 의지를 표출한다거나 세상을 바꿀 수 있다는 생각은 뒷전인 것 같아요. 오히려 등산을 간다든지, 이런 게 더 앞서 있는 것 같아요.

박미숙 그래도 호기심은 강해 가지고 많이 뒤져 봐요. 우리보다 SNS라든지 이런 거 많이 해서 사회에서 도는 뒷얘기들, 언론에 보도 안 된 그런 것들은 우리보다 빨라요. 정치적으로 뭐가 더 옳고, 그르다는 판단은 하는 것 같아요. 근데 자기가 조사해서 활동하면서 영향력을 미치는 거는 40대보다 약한 것 같아요. 생산하려는 노력은 별로 안 하는 것 같고, 돌아다니는 걸 열심히 주워 모아 가지고 자기 지식으로 삼고, 그걸로 판단은 하는 것 같아요.

이재일 동생이 투표를 한 번도 안 했어요. 근데 노무현이 출마했을 때는 세 시 몇 분에 투표를 하러 가는 걸 봤어요. 그때가 아마 문자 메시지 돌고 하던 그때인데, 그런 부분들은 나름대로 자기네들끼리 공유하고 있는 것 같아요.

구범모 30대는 요지에 앉아서 조용히 자기 몫을 잘 챙기는 것 같아요. 40대가 다가서면 40대하고 잘 어울리고, 20대하고는 또 신세대처럼 행동하고. 그런 세대 같아요. 30대는 적극적으로 나서서, 우리같이 혁명, 데모를 하거나 그러진 않아요. 그리고 요즘 20대처럼, 촛불세대처럼 집단적으로 그런 행위를 한 적도 없고요. 하지만 조용하게 자기 사상을 표출하지 않았나 싶어요.

김종배 '30대는 ☐다'라고 할 경우 이 ☐에 들어갈 단어가 뭘까요?

이재일 개인주의.

구범모 무난한 시대에서 산 애들. 격난도 없었고, 특별히 고생한 것도 없는.

박미숙 글쎄요. 우리는 그냥 꿈나무 세대, 이렇게 말하는데, 88학번 아래로는 다 꿈나무 세대다.

서의균 무색무취 세대?

박미숙 좀 얌체이긴 해요. 선배들이 해 준 거 고스란히 받아먹으면서, 지네들은 왜 후배들한테 그런 거 안 해 주나 몰라요.

서의균 30대들을 보면 왔다가 자기가 생각한 게 아니면 그냥 나가 버려요. 뭔가 얻을 게 있으면 있는데, 배울 게 없고, 나한테 이득이 안 된다고 생각하면 나가요. 자기들끼리 찾아서 하다가. 안 되면 또 해산하고.

남헌표 피팅룸 같은 생각이 드네요. 백화점에 가면 옷 갈아입는 곳이 피팅룸이거든요. 매장에서 옷을 선택하려면 자기만의 공간에 들어가서 입어 봐야 하잖아요. 남들 앞에서 다 벗고 그럴 수는 없지 않습니까. 그곳이 피팅룸인데. 그러니까 잠시 자기만의 공간에 들어갔다가 세상에 나오고. 그런 출입을 편하게 또 자유롭게 할 수 있는 세대들이 아닌가 싶어요.

하지은 제가 접한 30대만 보고 얘기하면 복 받은 세대 같아요. 저보다 다 잘살아요. 그게 어떤 영향 때문이냐면, 우리보다 10년, 20년 위인 부모들이 경제적 붐을 이룰 때 잘살게 된 층이에요. 그 밑에 자식들이면서 가정적으로도 혜택을 받은 게 30대죠. 그러다 보니까 경제적 혜택도 많이 봤고, 외국 유학도 많이 갔다 오고, 이런 기회를 많이 누린 것 같아요. 제 주변에 있는 30대들을 보면 딱 그래요. 그래서 나름 복 받은 세대죠. 우리는 험한 세대에 바람막이가 돼서 살았는데 개네는 바람을 맞은 적이 없으니까 바람이란 걸 몰라요. 어디 가서 얻기만 한 거죠.

이렇듯 '그들'에 대한 선후배의 평가에는 날이 서 있다. 고도성장기인 1970~1980년대에 어린 시절을 보낸 '풍요 세대', 그 탓에 놀기 좋아하고 자기밖에 모르는 '오렌지 세대', 의식보다는 취향과 기호에 휘둘리는 '날라리 세대'쯤으로 평가한다. 그러면서 '그들'이 한 게 뭐냐고 되묻는다. 역사에 뚜렷한 족적 하나 남긴 게 있냐고 되묻는다.

이런 평가들이 사실일까? 지금의 30대는 자기 본위로 살면서 먹고 즐기다가 시대의 흐름을 단절시킨 원흉일까? 그 탓에 40대에 눌리고 20대에 치이는 신세가 되어 버린 천덕꾸러기일까? 결론부터 말하면 전혀 그렇지 않다. 다른 건 몰라도 정치나 이념의 성향만 놓고 보면 선후배의 평가는 근거 없는 비판이다. '88만원 세대'와 '386세대'의 평가는 1990년대에 '그들'을 향해 쏟아진 사회적 평가를 되읊는 구닥다리 평가요, 선입견에 기초한 인상비평이다. '그들'의 실제 모습은 전혀 다르다. 미운 오리 새끼처럼 갖은 구박을 받고 있지만 실제론 백조의 자태를 숨기고 있는 게 '그들'이다. 낮게 평가되어 있지만 실제론 우량주인 게 '그들'이다. 인상비평과는 다르게 객관적 수치가 그렇게 말하고 있다.

백조가 된 미운 오리 새끼

2010년 지방선거는 '그들' 전체가 30대로 완전히 진입한 후 치러진 선거로서, '그들'의 정치 성향이 어떤지를 한눈에 살필 수 있는 선거였다. 바로 그 2010년 지방선거에서 '그들'은 그 어떤 세대보다 진보적인 성향을 보였다. 우월감으로 '그들'을 낮추어보던 '386세대'보다, 불만을 갖고 '그들'을 치받던 '88만원 세대'보다 상대적으로 진보적인 성향을 보였다.

한귀영 한겨레사회정책연구소 연구위원이 2010년 지방선거를 전후해 한국사회여론연구소가 실시한 세 차례의 여론조사 결과를 통합 분석한 결과에 따르면 '그들'은 범진보 진영에 가장 높은 지지도를, 범보수 진영에 가장 낮은 지지도를 보였다. 범진보 진영에 대해서는 '386세대'인 40대보다 11.7%포인트 높은 지지도를, 범보수 진영에 대해서는 '386세대'보다 10.7%포인트 낮은 지지도를 보였다. '88만원 세대'인 20대와 비교해도 '그들'의 상대적 진보성은 두드러졌다. 범진보 진영에는 4.1%포인트 높은 지지도를, 범보수 진영에 대해선 4.1%포인트 낮은 지

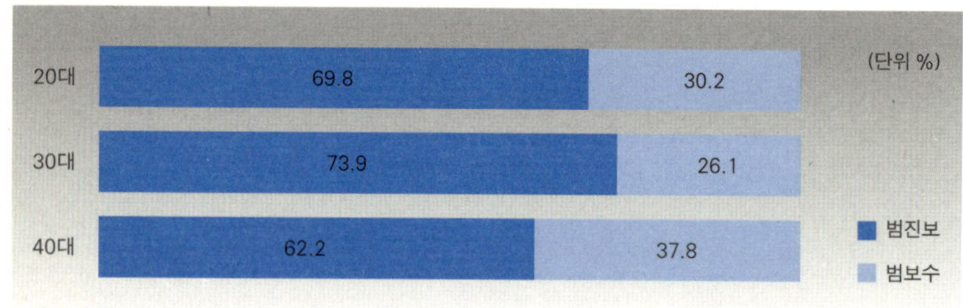

2010년 지방선거에서의 연령대별 진영 지지도

지도를 보임으로써 후배들보다 상대적으로 높은 진보성을 보였다. '그들'이 범진보 진영에 보낸 지지도와 범보수 진영에 보낸 지지도의 편차는 47.8%포인트로 '88만원 세대'의 39.6%포인트, '386세대'의 24.4%포인트보다 월등히 높았다. 이 수치만 놓고 보면 '그들'은 진보의 첨병이었다.

어쩌면 우연일지 모른다. 2010년 지방선거에서 내보인 '그들'의 진보성은 우연히 나타난 반짝 현상일지 모른다. 돌발변수에 휘둘린 나머지 평소의 정치 성향과는 다른 투표를 한 것인지 모른다. 실제가 이렇다면 단 한 번의 선거에 대한 여론조사 결과로 '그들'의 진보성을 단정하는 것은 문제가 있다. 그건 성급한 일반화다.

하지만 아니다. 결코 반짝 현상이 아니다. '그들'은 줄곧 진보적이었다. '386세대'보다, '88만원 세대'보다 상대적으로 진보적인 정치 성향을 일관되게 보여 왔다. 세대 대결이 본격화한 2002년 대선부터 2012년 총선까지 10년 동안 치러진 총·대선 때 한국갤럽이 실시한 여론조사 결과*를 보면 그렇게 나온다.

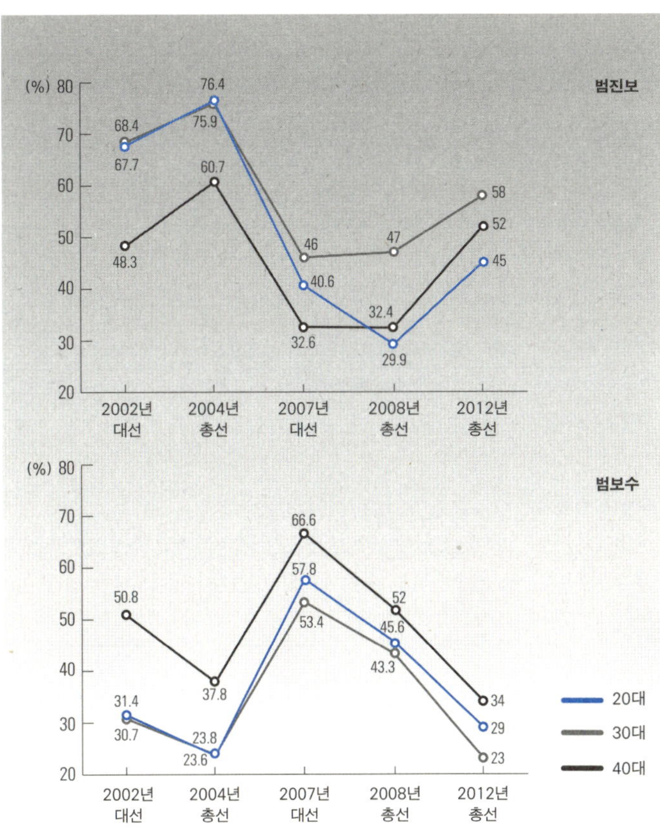

역대 선거에서의 연령대별 진영 지지도 ••

- 여론조사 결과에 담긴 흐름을 일관되게 분석하기 위해 같은 여론조사기관의 같은 조사를 차용해야 했다. 이를 고려해 한국갤럽의 조사결과만 지표로 삼았다.

•• 2002년 대선의 범진보는 노무현+권영길이며 범보수는 이회창이다. 2004년 총선의 경우 범진보는 열린우리당+민주당+민주노동당이며, 범보수는 한나라당+자민련이다. 2007년 대선의 범진보는 정동영+문국현+권영길이며, 범보수는 이명박+이회창이다. 2008년 총선에서는 범진보가 통합민주당+민주노동당이며, 범보수는 한나라당+자유선진당+친박연대이다. 2012년 총선의 경우 범진보는 민주통합당+통합진보당이며, 범보수는 새누리당+자유선진당이다.

‘그들’이 주로 20대였던 2002년 대선을 보면 ‘그들’은 선배인 ‘386세대’와 별반 차이가 없는 정치 성향을 드러냈다. 범진보 진영에 대해선 ‘386세대’보다 0.7%포인트 낮은 지지도를, 범보수 진영에 대해선 0.7%포인트 높은 지지도를 보였지만 그 차이는 무시해도 무방할 정도로 작았다. 탄핵 역풍 속에 치러진 2004년 총선 때는 ‘386세대’보다 0.5%포인트 높은 범진보 지지도를 보였지만 이 또한 큰 의미는 없었다. ‘그들’은 2002년 대선과 2004년 총선까지는 ‘386세대’와 어깨동무하면서 진보의 쌍두마차 역할을 했다.

이 지점에서 가를 필요가 있다. 2004년 총선의 경우 ‘그들’의 절반과 ‘386세대’의 절반이 같은 30대로 묶여 있었기에 이때의 지지도를 ‘그들’의 정치 성향을 입증하는 근거로 삼을 수는 없다. 이때의 높은 범진보 지지도가 ‘386세대’의 몰표 때문에 나타났을 가능성을 배제할 수 없다. 그래도 상관없다. ‘그들’이 ‘386세대’는 물론 ‘88만원 세대’보다 상대적으로 진보적인 성향을 보였다는 판단은 흔들리지 않는다. 아니, 오히려 강화된다.

2007년 대선이 증명한다. 이때는 ‘그들’이 30대의 70%를 점유했던 시기라는 점을 감안하고 당시의 여론조사 결과를 살피면 확실하게 알 수 있다. ‘그들’은 선후배보다 상대적으로 강한 진보성을 보였을 뿐만 아니라 그 격차를 더 벌렸다.

2007년 대선은 ‘묻지마 선거’에 가까웠다. 거의 모든 연령대와 직업군의 유권자가 경제 대통령을 표방한 이명박 후보에 경도되어 있었다. 이처럼 쏠림현상이 극심했던 선거에서 ‘그들’은 상대적으로 완강하게 버텼다. 이명박 후보에 대한 쏠림현상에 저항하면서 역대 대선 중 최약 체로 꼽혔던 범진보 후보군에 대한 지지의 끈을 상대적으로 견고하게 유지했다. '88만원 세대'보다 6.4%포인트 높은 지지도를, 그리고 '386 세대'보다 13.4%포인트 높은 지지도를 범진보 진영에 보냈다.

'그들'의 진보성은 범진보 진영이 참사에 가까운 패배를 맛봤던 2008년 총선에서 더욱 도드라졌다. '88만원 세대'보다는 17.1%포인트, '386세대'보다는 14.6%포인트 높은 범진보 지지도를 보였다. '88만원 세대'와 '386세대' 모두 범보수 진영에 더 높은 지지도를 보낼 때 '그들' 만이 유일하게 범진보 진영에 더 높은 지지도를 선사했다.

2007년 대선을 기점으로 확연하게 드러난 '그들'의 진보성은 이 후 줄곧 유지되고 있다. 범진보 진영에 대한 지지도를 볼 때 2010년 지 방선거에서는 '88만원 세대'와 '386세대'에 비해 각각 4.1%포인트와 11.7%포인트 차를, 2012년 총선에서는 각각 13.0%포인트와 6.0%포인 트 차를 보였다. '386세대'와 '88만원 세대'가 들쭉날쭉한 정치 성향을 보여 온 것과는 달리 '그들'은 상대적으로 일관된 정치 성향을 보여 왔다.

'그들'의 진보성을 입증하는 근거는 다른 데서도 찾을 수 있다. 정 치 성향이 아닌 이념 성향에 대한 두 가지 조사 결과다.

동아시아연구원 등이 2007년 대선 패널조사를 실시한 적이 있는데 그 6차 조사 결과[•]를 보면 '그들'의 이념 성향이 여실히 드러난다. '가

● 강원택, 「386세대는 어디로 갔나?: 2007년 대선과 2008년 총선에서의 이념과 세대」, 『한국 선거정 치의 변화와 지속: 이념, 이슈, 캠페인과 투표참여』, 나남출판사, 2010, p. 87

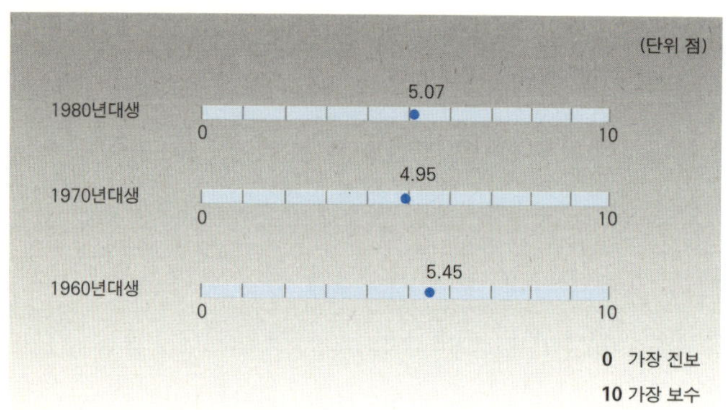

2007년의 연령대별 이념평균

장 진보'를 0, '가장 보수'를 10으로 해서 연령대별로 이념 평균을 조사한 결과 '그들'의 이념 평균은 4.95로, 1980년대생, 즉 '88만원 세대'의 5.07보다 근소하게 높았고, 1960년대생, 즉 '386세대'의 5.45보다는 상당히 높았다. '5'가 정중앙인 점을 감안할 때 '그들'만이 유일하게 진보로 기울어 있었다.

이 수치는 '그들'의 이념 성향이 선후배보다 상대적으로 '좌클릭' 되어 있었음을 입증하는 근거이자, 2007년 대선과 2008년 총선 여론조사에서 범진보 후보군에 가장 높은 지지도를 보인 이유이다.

'그들'의 이념 성향은 5년의 세월이 흐른 뒤에도 변하지 않았다. 2012년 총선을 목전에 둔 1월에《한국경제신문》이 한국개발연구원, 시장경제연구원과 공동으로 조사한 결과[●]에 따르면 30대의 이념 평균은

●　《한국경제신문》,「소득 많을수록 '반시장주의 성향' 강해」, 2012년 2월 1일자

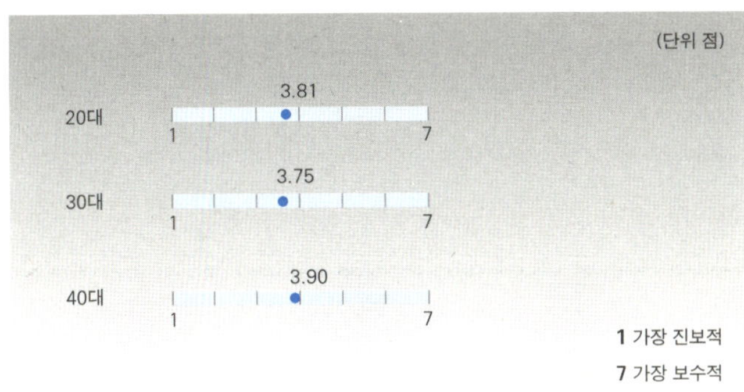

2012년의 연령대별 이념평균

3.75였다. '가장 진보적'을 1, '가장 보수적'을 7로 했을 때 정중앙인 4에서 왼쪽으로 기운 것으로 나왔다. 5년 전과 비교하면 '88만원 세대'와 '386세대' 모두 이념 평균이 좌로 더 이동했지만 이동거리는 '그들'이 가장 길었다. 5년 전 동아시아연구원의 조사 결과와 마찬가지로 '386세대'와 '88만원 세대'보다 상대적으로 더 진보적인 성향을 내보인 것이다.

여러 가지 수치에서 확인되듯 '그들'은 진보다. 단순한 정치적 선호, 즉 정당 또는 후보에 대한 선호를 넘어 정치·경제·사회 전반에 대해 상대적으로 진보적인 입장을 견지하는 세대다. 이제 '그들'은 개인주의에 빠져 놀기 좋아하는 '오렌지 세대'도 아니고, 의식보다는 취향과 기호에 휘둘리는 '날라리 세대'도 아니다. 한때의 분위기에 휩쓸리고 한때의 트렌드에 휘둘리는 세대가 아니라 지난 10년간 줄곧 진보를 떠받치고, 진보의 길을 개척한 주춧돌이자 견인차이다. '그들'이 서 있는 곳은 진보의 꼭짓점이다.

심장의 박동 수

어디로 튈지 모르는 세대가 아니라 일관되게 진보성을 견지해 온 '그들'임이, 실체를 알 수 없는 세대가 아니라 정체성이 뚜렷한 '그들'임이 확인된 이상 관심사는 좁혀진다. 이런 '그들'이 등장한 이유와 '그들'의 진보성을 추동하는 요인을 살펴보자.

영국의 수상을 지낸 윈스턴 처칠이 말한 바 있다. "20대에 진보가 아니면 심장이 없는 것이요, 40대가 되어서 보수가 아니면 뇌가 없는 것이다"라고 했다. 처칠의 이 말에 따르자면 진보 성향은 나이와 비례 관계에 있다. 나이가 젊을수록 진보적이어야 하고, 나이를 먹을수록 보수적이어야 한다. 어떨까? 처칠의 이 공식을 현재 30대인 '그들'에게 적용하면 어떻게 될까? '그들'이 진보성을 보이는 이유가 나이 때문이라고 결론 내릴 수 있을까?

그렇지 않다. 수치에 단순대입 하는 순간 처칠의 공식은 무너진다. 처칠의 말에 따르면 '88만원 세대'는 '그들'보다 더 진보적이어야 한다. 심장의 박동 수나 끓는 피의 온도가 '그들'보다 더 높은 '88만원 세대'이니까 응당 진보성도 더 강해야 할 것이다. 하지만 '88만원 세대'는 '그들'보다 덜 진보적이다. 때론 진보적이지만 때론 보수적이다. 오락가락하고 들쭉날쭉하다. 앞서 살핀 각종 수치가 그 점을 증명하고 있다.

좀 더 확장해 보자. 처칠이 말한 연령 효과의 기조는 유지하되 그 적용방법을 좀 더 탄력적으로 조절해 보자. 다른 연령대는 고려하지 않고 오로지 30대의 특성만 감안하자. 그 특성이 '그들'의 진보성을 규정한다고 가정해 보자. 사회 새내기로서 쓰디쓴 맛을 처절하게 맛본 30대, 그러면서도 20대 때의 진보 성향을 유지하는 30대, 결혼에다가 출산에다가 목돈 들어갈 일이 줄줄이 사탕처럼 엮였으면서도 월급 호봉은 낮은 30대라는 연령대의 특성이 삶을 고단케 하고, 이런 고단한 삶이 '그들'의 진보성을 추동한다고 가정해 보자. 이렇게 가설을 세워 놓고 '그들'과 '그들' 이전의 30대를 비교해 보자. 그럼 어떤 결과가 나올까?

마찬가지다. 이 가설을 틀로 삼아 이전 선거에서의 여론조사 결과를 분석해도 흡족한 답은 나오지 않는다. 이 가설에 따르면 30대는 시대를 막론하고 가장 높은 진보 성향을 보여야 하지만 결과는 그렇지가 않다. 한국갤럽이 실시한 여론조사 결과를 보면 이 가설과는 사뭇 다른 양상이 나타난다.

'그들'이 20대였던 2000년 총선만 놓고 보면 앞서 설정한 가설은 꽤 설득력이 있는 것 같다. 당시의 20대, 즉 '그들'의 범진보 지지도에 비해 당시의 30대, 즉 '386세대'의 범진보 지지도가 높았으니까 가설이 확증되는 듯하다.

하지만 다시 8년의 세월을 거슬러 올라가 1992년 대선 때의 여론조사를 들추면 그 결과가 판이하게 다르다. 당시의 20대, 즉 '386세대'가 범진보 진영에 54.0%의 지지도를 보인 반면 당시의 30대, 즉 '475세대'

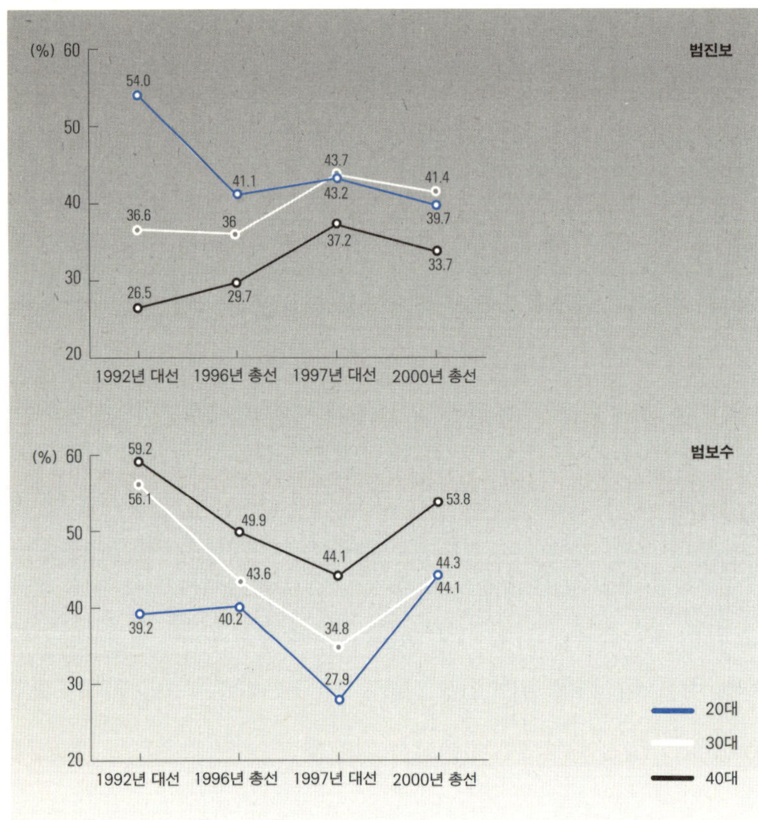

1990년대 선거에서의 연령대별 진영 지지도

1992년 대선의 경우 김대중·박찬종·백기완을 범진보 후보로, 김영삼·정주영을 범보수 후보로 분류했다. 박찬종의 경우 당시에 '무균질 정치'를 주장하며 강도 높은 정치개혁을 부르짖었다는 점에서, 정주영의 경우 보수의 전매특허와 다름없는 성장 전략을 제시했다는 점에서 각각 범진보와 범보수로 분류했다. 1997년 대선의 경우 이인제의 당시 성향과 유권자 반응이 범진보와 범보수를 넘나들었던 관계로 합산에서 제외했다. 따라서 1997년의 범진보-범보수 지지율은 김대중-이회창의 지지율이다. 1996년 총선의 경우 범진보는 국민회의와 민주당을, 범보수는 신한국당과 자민련을 뜻하고, 2000년 총선의 경우 범진보는 민주당을, 범보수는 한나라당과 자민련·민국당을 뜻한다. 당시 한국갤럽은 민노당을 기타 정당으로 묶어 합산했기 때문에 부득이 반영하지 못했다.

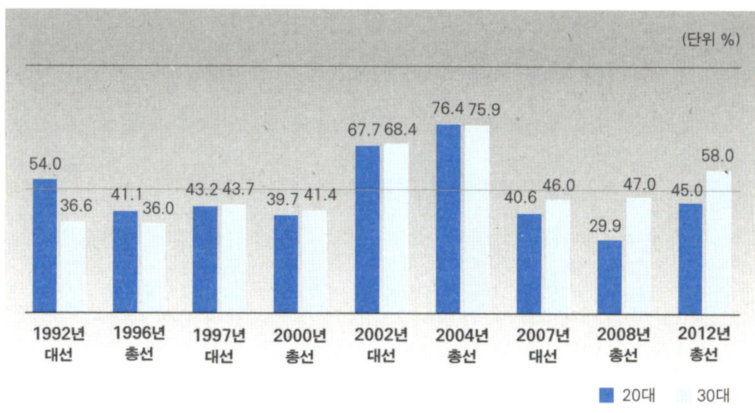

각종 선거에서 나타난 20대와 30대의 범진보 지지도

의 범진보 지지도는 36.6%에 불과했다. 당시의 20대에 비해 30대가 훨씬 더 보수적이었던 것이다. 이 같은 현상은 1996년 총선에서도 어김없이 나타났다. 당시의 20대가 범진보 진영에 41.1%의 지지도를 보인 반면 당시 30대의 범진보 지지도는 36.0%에 그쳤다.

30대가 다른 연령대보다 높은 진보성을 보이기 시작한 것은 1997년 대선부터였다. 당시 30대가 범진보 진영에 보낸 지지도는 43.7%로 20대의 43.2%에 비해 근소하게 높은 수치를 기록했고, 이런 경향은 2000년 총선을 거쳐 2002년 대선까지 이어졌다. 하지만 이 추세도 2004년 총선에 와서 다시 뒤집혔다. 비록 근소한 차이지만 20대와 30대의 범진보 지지도가 76.4%와 75.9%로 다시 역전되는 현상이 빚어진 것이다.

이렇게 일별하면 앞서 설정한 가설, 즉 30대의 연령대 특성이 진보성을 추동한다는 가설은 무너진다. '그들'이 진보성을 보이는 이유는 단지 '그들'이 30대이기 때문이 아니다. 아직은 규명되지 않은 어떤 요인이 '그들'의 진보성을 추동한 것이라고 보는 게 옳다.

그래도 소득이 없는 건 아니다. 지난 20년간의 선거 여론조사를 훑다 보니 흥미로운 점이 하나 발견된다. '그들'의 전환점이다.

지난 20년 동안의 선거를 되돌아보면 하나의 분수령이 발견된다. 2002년 대선이 그것이다. 2002년 대선 이전까지는 '386세대'가 진보의 첨병 자리를 차지하고 있었던 반면 2002년 대선 이후로는 '그들'이 꼭짓점에 올라선다. 2002년 대선에서 '그들'과 '386세대'의 진보성이 오십보백보의 각축전을 벌인 것을 기점으로 '그들'은 진보의 주도권을 거머쥐었고, 그 이후 '그들'의 진보성은 갈수록 강화되었다.

이 추이가 의미하는 바는 매우 심장하다. 하지만 그 의미는 뒤에서 자세히 다루기로 하고 여기서는 일단 '그들'의 진보성이 30대라는 연령의 특성에 기인한 것이 아니라는 점만 기억하기로 하자.

가방끈의 길이

다른 면을 살피자. 수십 년간 유지되고 있는 정치권의 통설, 즉 학력이 높을수록 진보적 성향이 강하다는 정설에 의지해 보자.

이 통설은 크게 두 가지 전제에 기초해 있다. 하나는 학력이 높을수록 정보의 수용폭이 크고 정치적 의제에 대한 접근성이 뛰어나며 그 의제에 대해 토론할 기회가 많다는 점이다. 다른 하나는 대학이 갖는

(단위 %)

연도	1980	1981	1982	1983	1984	1985	1986	1987	1988	1989
고교 진학률	48.8	54.1	58.2	61.7	62.8	64.2	65.2	65.3	67.0	69.8
상급학교 진학률	27.2	35.3	37.7	38.3	37.8	36.4	36.4	36.7	35.0	36.9

연도	1990	1991	1992	1993	1994	1995	1996	1997	1998	1999
고교 진학률	79.4	78.7	77.5	78.9	80.5	82.9	83.1	86.5	88.7	91.1
상급학교 진학률	33.2	33.1	34.3	38.4	45.8	52.4	54.9	60.1	64.1	66.6

연도	2000	2001	2002	2003	2004	2005	2006	2007	2008	2009
고교 진학률	89.4	89.7	88.2	89.3	89.3	91.0	90.3	91.3	90.0	92.5
상급학교 진학률	68.0	70.5	74.2	79.7	81.3	82.1	82.1	82.8	83.8	81.9

진학률 출처: 한국교육개발원, 『교육통계 분석 자료집』

의미다. 대학 시절의 경험이 대졸자의 의식 형성에 미치는 영향이 지대하다는 점이다. 정말 그럴까? 학력 요인이 정말 그렇게 큰 것일까? '그들'은 정말 상대적으로 가방끈이 길어서 상대적으로 진보성을 보이는 것일까?

부질없다. 이 통설 또한 '그들'이 진보성을 보이는 원인을 규명하는 열쇠가 되지 못한다. 답은 이미 나와 있다. 아주 거칠고 단순한 반문이 그것이다. '88만원 세대'의 대학 진학률은 80%대다. 반면에 '그들'의 대학 진학률은 50% 안팎이었다. 그런데도 '그들'의 진보성이 '88만원 세대'의 진보성보다 높다. 학력과 진보 성향이 정비례 관계에 있다면 도저

(단위 %)

	학력	범진보	범보수
전체	평균	57.3	18.2
	고졸 이하	55.4	17.4
	전문대졸	58.6	14.6
	대졸 이상	57.4	19.8
20대	평균	59.4	20.4
	고졸 이하	62.9	14.8
	전문대졸	58.4	16.8
	대졸 이상	59.4	21.8
30대	평균	59.8	15.2
	고졸 이하	55.6	18.1
	전문대졸	61.3	12.9
	대졸 이상	60.1	15.6
40대	평균	53.2	19.4
	고졸 이하	54.6	17.4
	전문대졸	54.5	14.8
	대졸 이상	52.2	21.7

학력별 진영 지지도

히 나타날 수 없는 현상이다.

학력과 진보 성향이 비례관계에 있지 않다는 사실은 최근의 각종 여론조사 결과에서 확인되고 있다. 그 단적인 예가 한겨레사회정책연구소와 보건사회연구원의 여론조사 결과다. 이 조사에 따르면 학력과 정치 성향은 따로 놀고 있다.

2012년 총선을 앞두고 범진보 진영에 보낸 지지도를 보면 '그들' 가운데 전문대졸이 61.3%로 대졸 이상의 60.1%보다 높다. 아울러 '88만 원 세대'와 '386세대'의 경우에도 고졸 이하의 범진보 지지도가 각각 62.9%와 54.6%로 다른 학력보다 높다. 이 같은 현상은 20·30·40대 전체를 아우른 결과에서도 똑같이 나타난다. 전문대졸의 범진보 지지도가 58.6%로 가장 높고 그다음이 대졸 이상으로 57.4%, 고졸 이하는 55.4%다. 학력 효과에 따르면 대졸 이상의 진보성이 가장 높아야 하는데 조사 결과는 그렇지 않다. 게다가 학력별 범진보 지지율의 차도 그리 크지 않다.

사실 학력 효과는 옛날 얘기다. 정보가 제한되어 있던 시기, 사회적 소통구조가 좁던 시기에 나타난 현상일 뿐이지 미디어가 넘쳐 나고 정보가 홍수를 이루는 현재에는 큰 의미가 없다.

학력 효과의 강력한 받침대인 대학도 바뀌었다. 1980년대의 대학문화와 1990년대의 대학문화가 같지 않고, 1990년대의 대학문화와 지금의 대학문화가 같지 않다. 똑같이 대학을 다녔어도 어떤 문화를 향유했는지에 따라 대학시절이 의식성에 미치는 영향은 달라진다. 학력 효과 또한 '그들'의 상대적 진보성의 이유를 푸는 열쇠가 아니다.

지갑의 두께

정치권의 통설이 하나 더 있다. 소득 효과다. 중간 소득층은 진보적인 반면 상위 소득층과 하위 소득층은 보수적이라는 공식이다.

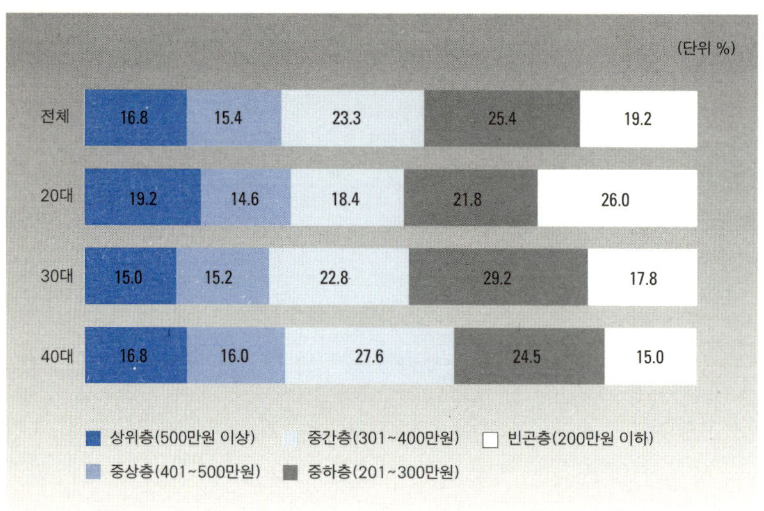

월평균 가구소득

이 통설은 복잡한 판단에 기초한 것이다. 상위 소득층이 보수적인 이유는 기득권을 지키기 위해 계급투표를 하기 때문이고, 하위 소득층이 보수적인 이유는 이들이 상대적 저학력층으로서 세상물정에 어두워 반계급 투표를 하기 때문이라는 것이다. 반면 중간 소득층은 기득권층에 대한 반감이 크고 사회경제적 처지는 상대적으로 불안한데 학력수준은 상대적으로 높아 진보성을 보인다는 것이다. 어떨까? 마지막으로 남은 이 통설이 '그들'의 진보성을 규명하는 열쇠가 될 수 있을까?

위의 표를 보자. 역시 한겨레사회정책연구소와 보건사회연구원이 공동으로 조사한 결과다. '그들' 가운데 중간층(301~400만원)은 22.8%로, '386세대'의 27.8%보다 적다. 반면에 중하층(201~300만원)은 29.2%

소득별 진영 지지도

로 '386세대'는 물론 '88만원 세대'보다도 많다. 중상층(401~500만원)의 경우 15.2%로 '88만원 세대'의 14.6%보다 근소하게 많고, '386세대'의 16.0%보다는 근소하게 적다.

이 조사 결과에서는 '그들'의 상대적 진보성과 소득과의 상관관계를 확인할 수 없다. 중간층에 중상층을 합해도, 또는 중간층에 중하층을 합해도 달라지는 건 없다. '그들'의 상대적 진보성이 상대적으로 탄탄한 중간 소득층을 기반으로 했다고 보기는 아무래도 무리다.

'그들'의 진보성과 소득 간에 상관관계가 없다는 점은 소득 구간별 정치 성향에서 더욱 분명하게 드러난다. '그들'의 진보성이 소득 효과의 결과라면 응당 중간층의 범진보 지지도가 상대적으로 높아야 하는데 조사 결과는 그렇지 않다. 중간층의 범진보 지지율은 57.0%로 '그들'의 평균 범진보 지지율 59.8%보다 낮다. 이뿐만이 아니다. 오히려 중상층과 빈곤층의 범진보 지지도가 중간층에 비해 높다. 소득 효과를 앞세우는 통설과는 전혀 다른 수치다.

'그들' 가운데 중간층의 낮은 진보성은 다른 비교를 통해서도 확인된다. 20·30·40대 전체를 평균 낸 수치와 비교해 보면 중간층의 범진보 지지도 평균은 57.9%, 하지만 '그들' 가운데 중간층의 범진보 지지도는 57.0%다. 비록 작은 차이이긴 하지만 전체 평균보다 낮은 건 분명하다. 객관적 수치가 이렇다면 소득 효과도 '그들'의 상대적 진보성을 설명하는 공식이 될 수 없다. 지갑의 두께도 진보성과 직접적인 상관성이 없다.

3불론과 그때론

'그들'이 상대적 진보성을 내보이는 이유가 연령·학력·소득 효과 때문이 아니라면 발길을 돌려야 한다. 밖에서 임의로 설정한 틀에 '그들'을 끼워 맞출 게 아니라 '그들' 안으로 들어가 진보성의 추동 요인을 찾아야 한다.

한데 아쉽다. '그들' 속에서 귀납적 방법으로 진보성의 추동 요인을 추출한 자료가 거의 없다. '386세대'나 '88만원 세대'에만 주목한 나머지 '그들'을 상대적으로 소홀히 대한 결과일 것이다.

그나마 나온 분석을 그러모은다면 맨 앞자리에 놓이는 게 '3불론'이다. 자신의 경제적 처지에 대한 '불만'과 미래에 대한 '불안'이 정치적 '불신'으로 귀결되고 있다는 분석이다. 하지만 이 분석은 일면적이다. 경제적 측면에만 초점을 맞춘 것이다. 경제적 '불만'과 '불안'을 원인으로, 정치적 '불신'을 결과로 해석했다는 점에서 '3불론'은 경제결정론에 가깝다.

그래도 '3불론'은 낫다. 더 파편적으로 분석, 아니 나열한 경우도 있다. 이른바 '그때론' 정도가 될 것이다. '그들'은 대학 다닐 때 정치적 민주화 달성, 동구권 몰락, 여행 자유화, 대중문화 만개 등을 경험해 이념에서 탈피한 대신 자유와 인권을 중시하고 문화 취향이 강하다는 식의 분석 아닌 분석인데 이는 '그들'의 진보성 추동요인을 제대로 설명하지 못한다. 개별 요소는 그런 대로 설득력을 갖고 있는 듯하다. 하지만 요소간의 상관관계는 설명하지 못하고 있다. 더구나 과거와 현재의 간극을 극복하지 못한 설명이기도 하다. 자유 중시와 문화 취향이 추동요인이라면 왜 이 요인이 '그들'이 20대이던 1990년대에는 본격적으로 발현되지 못하고 10년이 지난 뒤에야 발현되는지가 설명되어야 한다.

이뿐만이 아니다. '그들'의 범위를 대졸자로 한정하는 문제까지 안고 있다. 흔히 세대를 분석할 때 빠짐없이 등장하는 게 바로 대학문화다. 세대의 특성이 그 세대의 고유한 경험에 기인한 것이라는 전제 위에서 고유한 경험을 대학 시절의 경험으로 등치시키는 것이다. 앞의 파편적 분석도 '대학문화론'이라는 고전적인 분석틀을 끌어온 것인데, 이 분석틀은 그 자체로 타당하지 않을 뿐만 아니라 특히 '그들'에겐 별 효용성이 없는 틀이다. 그 이유는 뒤에서 소상히 밝힐 것이다.

달리 방법이 없다. 입에 맞는 떡이 없으니 직접 방아를 찧을 수밖에 없다. '그들'과 연관된 각종 자료를 그러모아 샅샅이 훑어야 한다. '그들'이 처한 각종 시대사회적 환경을 두루 짚어야 하고, '그들'의 어제와 오늘을 함께 읽어야 한다.

지금부터 이 작업을 시행하기 위해 각종 수치가 나열된 여론조사 결과표 속으로 들어간다. 기본 자료는 앞서 잠깐 음미한 한겨레사회정책연구소와 보건사회연구원의 여론조사 결과다. 이 조사결과를 기본으로 하되 이것으로 채워지지 않을 경우에는 다른 여론조사 결과를 차용한다.

30대 정치의식의 사회경제적 배경

3

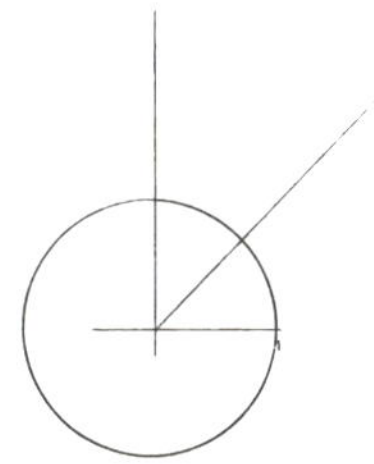

'가난 구제는 나라도 못 한다'라는 말은 참 무책임하다. 개인의 근면과 성실을 강조하는 말이라고 받아들여도 행간에 깔린 무책임한 태도는 사라지지 않는다. 나라, 즉 정부가 존재하는 이유가 무엇인가? 대단한 게 아니다. 국민이 잘 먹고 잘살게 해 주는 것이다. 더 좁혀 말하면 국민 개인이 근면하고 성실하면 가난의 나락에 빠지지 않을 수 있는 환경을 만드는 것이다. 하지만 이 속담은 정부의 기본 책무를 부정한다. 알아서 먹고살 길을 찾으라는 야멸찬 태도만 가감 없이 드러낼 뿐이다.

가슴에 더 와 닿는 말은 '가혹한 정치는 호랑이보다 무섭다'는 공자의 말이다. 이 말은 정반대 지점에서 정부를 바라본다. 가난 구제는 바라지도 않으니 괴롭히지나 말라는 고언을 정부에 던진다. 나아가 가난은 가혹한 정치에서 비롯된다는 비판 의식을 숨김없이 드러낸다.

호랑이 담배 피우던 시절의 대사 두 마디를 꺼낸 이유가 있다. '그

(단위 %)

	상	중	하	상위층	중상층	중간층	중하층	빈곤층
전체	7.1	36.6	56.4	0.5	6.6	36.6	49.2	7.2
20대	7.0	38.2	54.8	0.6	6.4	38.2	46.1	8.8
30대	6.2	34.5	59.3	0.2	6.0	34.5	53.5	5.8
40대	8.0	37.2	54.8	0.6	7.4	37.2	47.5	7.2

주관적 경제적 지위

들'의 진보성을 추동하는 요인 가운데 하나가 이 두 대사에 담겨 있기 때문이다. '그들'은 먹고살기 힘들다. 그래서 가혹한 정치를 경계하고 민생을 돌볼 정치를 염원한다. 그 귀결이 진보성이다.

30대의 경제적 지위

'그들'은 선후배들에 비해 자신의 경제적 지위가 낮다고 생각한다. 가장 왕성하게 경제활동을 하는 연령대인데도, 그 어느 세대보다 맞벌이 비율이 높은 세대인데도 자신의 경제적 지위를 낮게 평가한다.

한겨레사회정책연구소와 보건사회연구원의 여론조사 결과를 보면 자신의 경제적 지위를 하층이라고 응답한 비율이 59.3%로 선후배 세대보다 5%포인트 정도 높다. 이 같은 응답은 경제적 지위를 5분위로 나눈 경우에도 비슷하게 나온다. 상위층과 중상층은 물론 중간층이라고 응답한 비율까지 선후배 세대에 비해 '그들'이 가장 낮은 반면 중하층

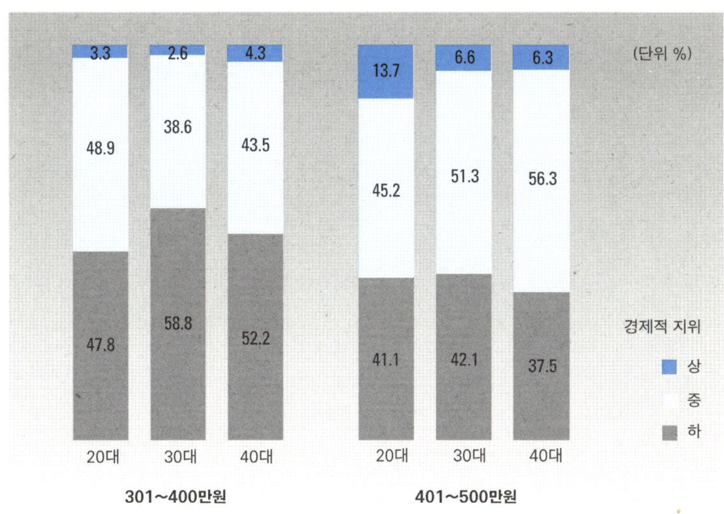

월평균 가구소득과 주관적인 경제적 지위

이라고 응답한 비율은 가장 높다.

　이 같은 수치는 앞서 살핀 월평균 가구소득 5분위 수치와 상당한 거리가 있는데, 이는 자연스러운 현상이다. 경제적 지위는 소득만으로 판단하지 않는다. 소득 외에 지출을 함께 고려하고, 자산과 같은 요소까지 살펴 경제적 지위를 판단한다. 소득이 똑같이 400만원이라도 지출이 400만원인 사람이, 지출이 300만원인 사람보다 자신의 경제적 지위를 낮게 평가할 수 있다. 소득이 다소 높더라도 전세를 사는 사람이, 소득이 다소 낮더라도 자기 집을 갖고 있는 사람보다 자신의 경제적 지위를 낮게 평가할 수도 있다. 간단히 말하면 가구소득이 일면적인 판단이라면 경제적 지위는 종합적인 판단이다.

(단위: 만원)

		국민복지 기본선	실제 가구소득과 국민복지 기본선의 차
전체		381.59	12.94
20대		386.91	14.35
30대		381.01	4.92
40대		378.04	19.39
30대	상	454.52	264.52
	중	409.88	37.86
	하	356.33	-41.16

국민복지 기본선 및 실제 가구소득과 국민복지기본선의 차

　한 예를 보자. 월평균 가구소득이 301~400만원, 401~500만원이면 자신의 경제적 지위를 최소 중간층 이상이라고 평가하는 게 상례일 것 같지만 한겨레사회정책연구소와 보건사회연구원의 조사결과를 보면 그렇지 않다. 월평균 가구소득이 301~400만원인 사람들 가운데 자신의 경제적 지위를 하층이라고 응답한 비율이 50% 안팎이고, 특히 '그들'의 경우에는 그 비율이 58.8%에 달한다. 또 월평균 가구소득이 401~500만원인 경우에도 자신의 경제적 지위를 상층이라고 응답한 비율이 극히 낮다. '그들'의 경우 6.6%에 불과하다. 이처럼 월평균 가구소득의 수준과 자신이 생각하는 경제적 지위는 별개다.

　물론 경제적 지위에 대한 판단은 주관적이다. 남이 볼 때는 중간층인 사람이 제 스스로 빈곤층이라고 생각할 여지는 얼마든지 있다. 따라서 여론조사 결과에 나와 있는 경제적 지위를 객관적 현실로 단정해서는 안 된다. 그건 주관적 평가다.

그럼 어떨까? '그들'의 생활수준은 실제로 열악한 걸까, 아니면 '그들'이 엄살을 부리는 걸까? '그들'의 실제 생활수준을 엿볼 수 있는 창이 하나 있다. 자신의 가족이 인간답게 생활하는 데 필요한 월평균 최소 소득, 즉 '국민복지 기본선'과 실제 가구소득 간의 차다. '그들'의 경우 이 차가 4.92만원으로 겨우 적자를 면하고 있다. '88만원 세대'와는 10만원, '386세대'와는 15만원 가까운 차이를 보이며 가장 아슬아슬하게 살고 있다.

이 같은 수치는 인간답게 살고 싶은 욕망을 실현할 수 있는 '그들'의 경제적 능력이 선후배에 비해 낮다는 것을 의미한다. 더불어 소득만으로는 감당하기 힘든 삶의 환경이 '그들'을 옥죄고 있다는 의미이다.

물론 이 또한 착시일 수 있다. 인간답게 생활하는 데 필요한 월평균 최소 소득은 주관적인 것으로, 사람마다 다를 수 있다. '그들'이 국민복지 기본선을 선후배에 비해 턱없이 높게 잡는다면 실제 가구소득과 국민복지 기본선 간의 차는 객관적 차이가 아니라 주관적 차이가 되고, '그들'의 하소연은 비만에 걸린 욕망이 불러온 정서적 변비의 생리현상 쯤으로 치부할 수 있다.

하지만 아니다. '그들'의 국민복지 기본선은 381만원이다. '88만원 세대'보다 5만원 낮고, '386세대'보다 3만원 높은 것으로, 20·30·40대 전체의 평균과 정확히 일치한다. '그들'의 욕망은 적정 수준을 벗어나지 않았다. 그런데도 '그들'의 삶은 흑자와 적자 사이에서 줄타기를 한다. 적자를 겨우 면하는 '그들'의 외줄타기 삶은 객관적인 현실이다.

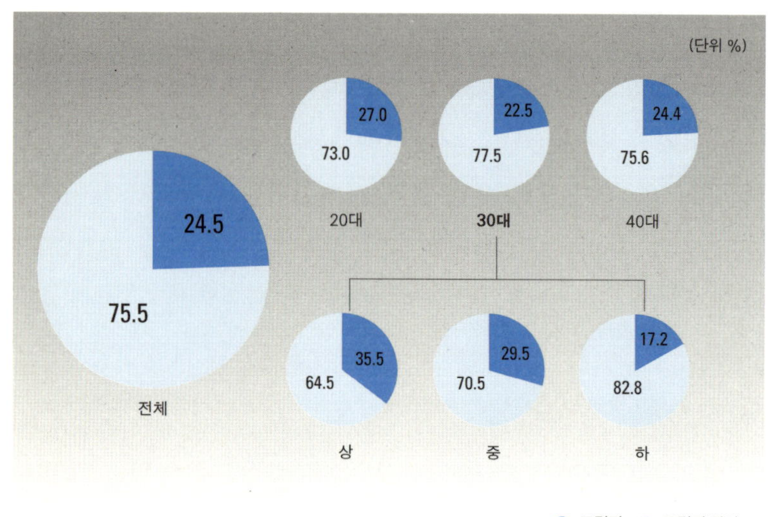

노력과 보상·인정 간의 관계에 대한 평가

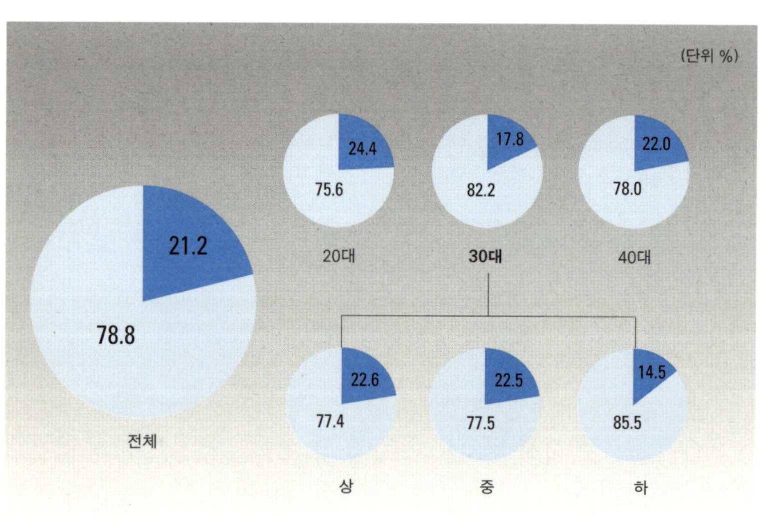

한국사회의 개방성에 대한 평가

특히 경제적 지위가 하층인 '그들'의 경우 국민복지 기본선은 356만 원으로 평균보다 25만원 적은데도 실제 가구소득과의 차는 −41만원 으로 가장 크다. '그들'의 다수(경제적 하층 59.3%)가 적자에 허덕이고 있는 것이다. 따라서 '그들'의 목소리는 투정이 아니라 비명이다.

호소와 원망

비명은 호소다. 아파 죽겠으니 도와 달라는 간절한 호소다. 그런데 도 옆에 있는 사람이, 아니 정치가 들은 척도 안 한다면? 물어볼 필요 조차 없다. 호소는 원망이 되고 간절함이 채우던 눈빛엔 날이 선다. '그 들'이라고 어찌 예외이겠는가. '그들'의 시선은 날이 서 있고, 정치를 바라보는 시각은 삐딱하다.

한겨레사회정책연구소와 보건사회연구원이 던진 질문 가운데 '노력한 만큼 보상과 인정을 받을 수 있는가'라는 문항이 있다. 이 항목에 '그렇다'라고 답한 비율이 '88만원 세대'가 27.0%, '386세대'가 24.4% 로 매우 낮다. 하지만 '그들'의 응답률은 더욱 낮다. 22.5%에 불과하다. 반면에 '그렇지 않다'는 '그들'의 응답률은 77.5%로 가장 높다.

'20 대 80 사회'를 넘어 '1 대 99 사회'가 운위되는 요즘이니 땀의 값어치가 떨어진다고 느끼는 건 전혀 이상한 일이 아니다. '무전유죄 유전무죄'라는 말이 우리 사회에서 회자된 지도 이미 오래다. 세대를 막론하고 '노력한 만큼 보상과 인정을 받을 수 있다'는 당위명제에 시

(단위 %)

	빈부격차 해소를 위한 복지확충	재벌규제 등 경제민주화	보수언론 편향의 언론제도 개혁	검찰권력 규제를 위한 검찰개혁	한반도 평화 위한 남북관계 안정화
전체	58.0	21.6	10.0	5.8	4.6
20대	52.4	25.6	10.2	8.8	3.0
30대	63.6	18.6	9.2	4.4	4.2
40대	57.1	21.3	10.5	4.8	6.3
30대 상	35.5	25.8	19.4	9.7	9.7
30대 중	57.2	19.7	13.3	4.6	5.2
30대 하	70.3	17.2	5.7	3.7	3.0

우리 사회의 핵심적 해결과제

큰둥한 반응을 보이는 것은 조건반사에 가깝다. 한데 '그들'의 반응은 더 꼬여 있다. 선후배들에 비해 더 삐딱하다. '그들' 가운데 경제적 지위가 하층인 경우는 꼬인 정도가 심해 꽈배기를 형성할 정도다.

땀의 값어치만이 아니다. 사회의 개방성에 대한 평가에서도 '그들'은 훨씬 부정적이다. 부모의 지위와 자녀의 계층상승 기회의 상관관계, 즉 우리 사회가 '개방사회'인지 '폐쇄사회'인지를 묻는 질문에 대해서도 '그들'이 가장 비판적인 응답을 내놓는다. '폐쇄사회'라는 응답률은 82.2%로 가장 높고, '개방사회'라는 응답률은 17.8%로 가장 낮다. 그 차가 무려 64.4%포인트에 달한다. 특히 '그들' 가운데 경제적 하층의 경우 '폐쇄사회'라는 응답률은 85.5%, '개방사회'라는 응답률은 14.5%로 그 편차가 무려 71.0%포인트에 달한다. 반면에 '88만원 세대'와 '386세대'의 응답 편차는 각각 51.2%포인트와 56.0%포인트로 '그들'

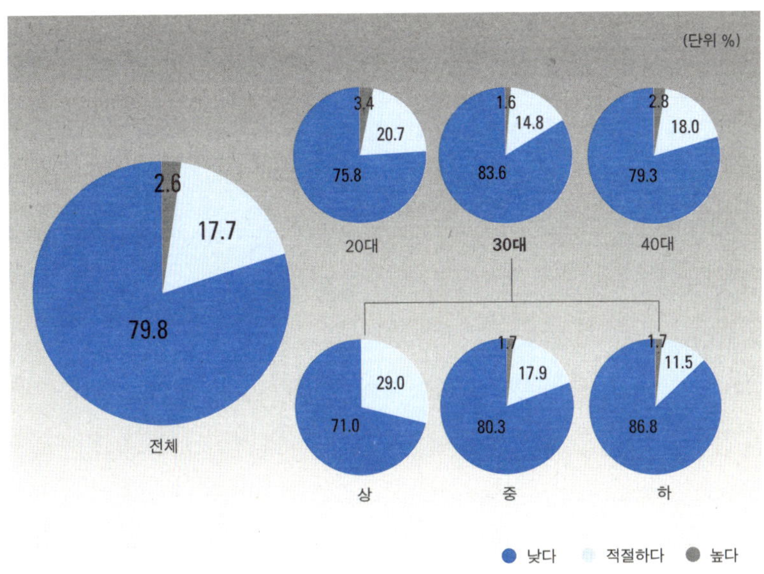

복지지출 평가

의 평가에 비해서는 상대적으로 온유하다.

현실 인식이 이러니 '그들'이 복지 확충의 필요성을 강조하는 건 너무나 당연하다. '그들'은 우리 사회의 핵심적 해결과제로 주저 없이 빈부격차 해소를 꼽는다. 경제민주화보다, 언론·검찰 개혁보다 더 큰 문제로 빈부격차 해소를 위한 복지확충을 꼽는다. 그 응답률이 63.6%로, 20·30·40대 전체 평균인 58.0%보다 5.6%포인트 높다. '88만원 세대'보다 11.2%포인트, '386세대'보다 6.5% 포인트 높다. 반면에 정부의 복지지출에 대해서는 선후배들보다 박한 평가를 내린다. 복지지출이 높다는 '그들'의 평가가 1.6%로 '88만원 세대'의 절반에 불과하다. 반면

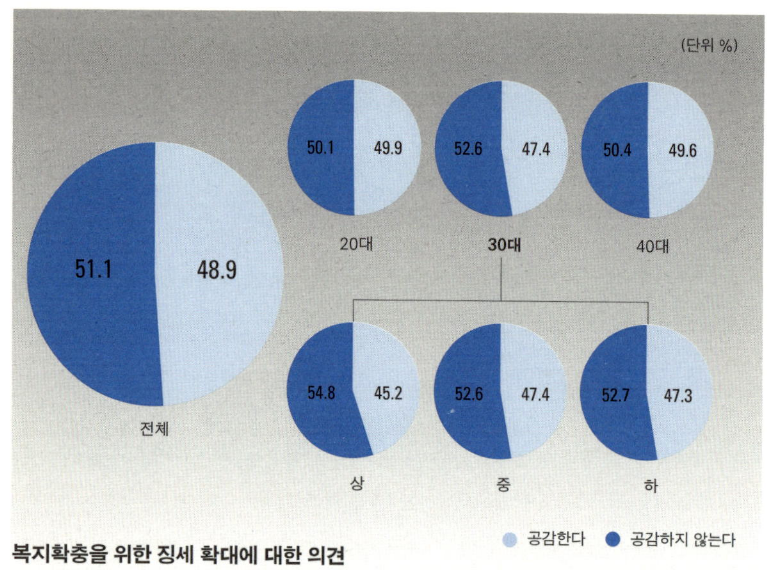

복지확충을 위한 징세 확대에 대한 의견

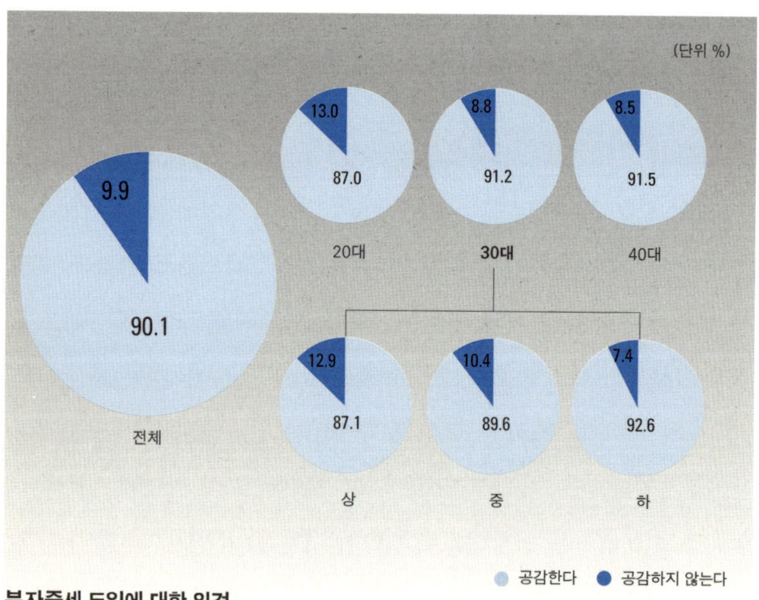

부자증세 도입에 대한 의견

복지지출이 낮다는 평가는 83.8%로 선후배를 막론하고 가장 높다. '그들'은 기대와 현실 사이의 드넓은 간극에서 허우적거리고 있다.

'그들'의 시선에 날을 세우는 숫돌은 불만이다. 공정을 비웃는 사회 구조에 대한 불만, 그리고 그런 불공정 구조를 방치하는 정부에 대한 불만이다. 그래서 세금 문제에 이중적인 태도를 취한다. 부자에게서 더 많은 세금을 걷는 데는 찬성하면서도 자신의 주머니를 여는 데서는 시큰둥하다. 버핏세 등 부자증세 도입에 대한 '그들'의 공감 정도는 높고, '더 나은 복지를 위해 세금을 더 낼 의향이 있느냐'는 질문에 대한 '그들'의 동의 정도는 선후배들에 비해 낮다.

FGI에서 한 '88만원 세대'가 비판한 바 있다. '그들'을 두고 얌체에 가깝다고 했다. "이기적이고 개인적인, 자기만 생각하는" 세대라고 했다. 맞는 것 같다. 정부의 복지지출 확대는 갈망하면서도 제 주머니 여는 것에는 인색한 '그들'의 태도를 보면 후배의 이런 평가는 정확한 진단 같다.

하지만 달리 볼 여지는 있다. '그들'의 이중적 태도가 얌체 기질에 따른 것이라기보다는 좌절감에서 비롯된 것이라고 볼 여지가 충분하다. 세상사 이치는 간단하다. 받은 만큼 주는 법이다. 받은 게 없다고 느끼는데 선뜻 제 주머니 열 사람은 거의 없다. '그들'의 이중적 태도는 얌체 기질이라기보다는 정부의 야멸찬 태도에서 기인했다고 보는 것이 더 타당하다.

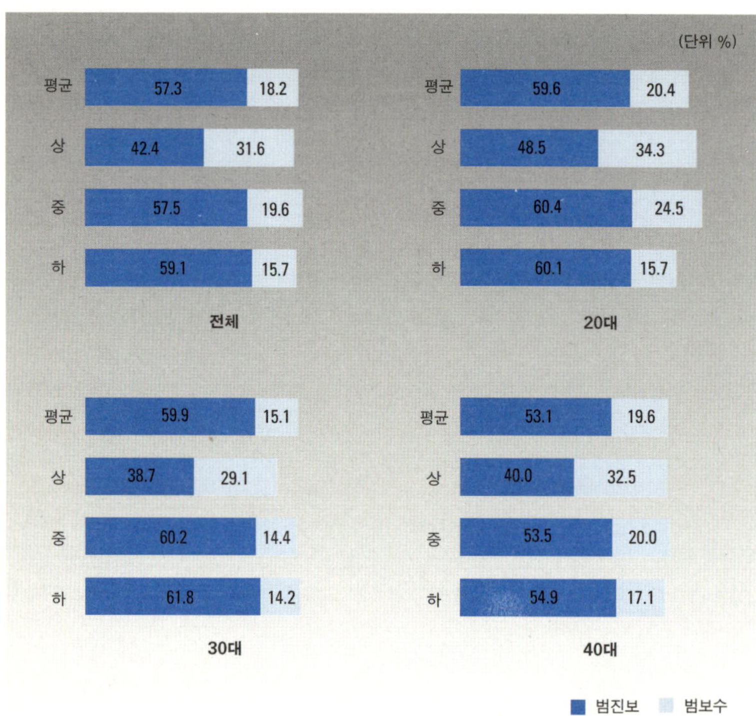

경제적 지위별 진영 지지도: 3분위

원망 끝의 진보

　'그들'은 삶이 팍팍하다고 느낀다. 삶이 팍팍한 이유가 불공정한 사회구조에 있다고 여긴다. 그런 불공정 구조를 개선하려면 정치가 나서서 복지를 확충하고 구조를 개혁해야 한다고 생각한다. 이런 생각이 진보적 정치 성향으로 귀결되고 있다. 수치가 이 점을 증명한다. '그들'의 범진보 지지율은 59.9%로 선후배들에 비해 가장 높다.

의문의 여지가 없다. '그들'의 상대적 진보성을 추동하는 첫째 요인은 상대적으로 열악한 '그들'의 경제사회적 삶이고, 상대적으로 강한 '그들'의 경제사회적 불만이다.

하지만 부족하다. 이 같은 결론은 총량분석에 근거한 것으로 간단 명료하긴 하지만 '그들' 안의 복잡다단한 차이까지 규명해 내진 못한다. 그래서 한 발 더 들어가야 한다. '그들'의 평균에서 벗어나 '그들'의 갈래를 마저 살펴야 한다.

'그들' 안에서 경제적 상층과 하층 간의 편차가 엄청나다. '그들' 가운데 경제적 하층의 범진보 지지율은 61.8%로 선후배 세대를 통틀어 가장 높은 반면, '그들' 가운데 경제적 상층의 범진보 지지율은 38.7%로 선후배 세대 전체를 망라해 가장 낮다.

이에 따라 경제적 지위 하층과 상층의 범진보 지지율 편차도 '그들'이 23.1%포인트로, 11.6%포인트의 '88만원 세대', 14.9%포인트의 '386세대'보다 월등히 크다. 20·30·40대 가운데서도 '그들'의 정치 성향이 가장 극심하게 양극화되어 있는 것이다.

이건 아주 중요한 단서다. '그들'이 경제사회적 삶에 상대적으로 민감하게 반응하는 이유를 규명하는 열쇠다. 지금까지 살펴본 것처럼 유독 날이 선 '그들'의 경제사회적 불만이 상대적으로 열악한 경제사회적 삶에 기인한 것이라면, '그들' 사이의 정치 성향 양극화 현상 또한 '그들' 사이의 경제사회적 삶의 양극화에 따른 결과일 것이다.

이치상으로는 그렇다. 세대 간의 양극화가 한 개인에게 미치는 영향은 상대적으로 작다. 같은 처지의 또래를 보면서 위안을 얻을 수 있기 때문에 박탈감은 상대적으로 약화된다. 하지만 세대 내의 양극화는 큰 영향을 미친다. 어차피 경쟁은 같은 집단 내에서 벌어지는 일, 이 경쟁에서 밀린다는 위기감과, 경쟁에서 밀리고 난 후의 박탈감은 최대치로 올라간다. 위안의 대상이 자극의 대상이 되어 버리는 것이다.

더불어 세대 내 양극화가 자신의 능력에 따른 귀결이라면 체념이라도 할 텐데 그게 아니라 불공정한 사회구조 탓이라고 느끼면 자신의 발끝을 보던 풀 죽은 시선은 사회를 향한 날 선 시선으로 바뀐다.

하지만 이건 아직까지 추론이다. 정치 성향의 양극화 현상 하나에 기대고, 인생살이 이치에 기초한 가설이다. 이제부터 이 점을 실증할 것이다. '그들' 안에서 나타나는 정치 성향의 양극화 현상이 실제로 경제사회적 삶의 양극화에 기인한 것인지, 그리고 그런 경제사회적 삶의 양극화가 불공정 구조에 기인한 것인지 '그들'의 족적을 더듬어 가며 실증적으로 규명하겠다.

IMF와 함께 온 풍파

우선 '그들'이 어떻게 살아 왔는지, '그들'의 입을 통해 직접 들어 보자.

김종배 IMF가 여러분들의 삶과 의식에 어떤 영향을 미쳤어요?

이두일 IMF가 터졌을 때 군대 훈련소 조교로 있었거든요. 훈련병들이 너무 몰려서 완전 짜증났고요. 심지어 군대를 제대한 사람이 다시 하사관으로 입대를 하는 경우도 되게 많았어요.

장정수 제가 군대를 제대했을 때가 1998년 5월이었거든요. 학교에 복학하니까 학점 받기가 너무 어려운 거예요. 전에 선배들이, 운동권도 아닌 선배들이 '학점은 중요하지 않아, 대학만 나오면 취업은 다 할 수 있어. 대기업 취업할 수 있으니까 사람들 많이 만나고, 술 많이 마시고, 선배들한테 잘하고 그러면 돼'라고 했거든요. 저는 당연히 그게 맞는 줄 알고 1학년 때 그렇게 했죠. 그러고 나서 군대를 갔다 왔는데 달라져 있더라고요. 애들이 1학년 때부터 공부를 하고 그래요. 외환위기 이후에 들어온 학번들하고 저희하고는 어울릴 수가 없는 거예요. 애네하고 많은 얘기를 하고 싶고, 술도 같이하고 싶은데 애네는 바쁜 거예요. 수업을 들어야 되고 끝나면 학원을 가야 되고, 아르바이트를 가야 하고, 우리는 당장 취업해야 하는 입장이고, 애네들은 1학년 때부터 공부를 해야 하는 입장이다 보니까 어울리지 못하는 거예요. 학부제로 바뀌면서 그게 더 심해졌고요. 그러니까 외환위기 이후로는 대학문화라는 것 자체가 없어졌다고 봐도 무방할 정도예요. 대학문화가 아니라 취업을 위한 하나의 과정, 스펙 쌓기 학원, 이 정도로 바뀐 거죠. 굉장히 많이 달라진 거 같아요.

김종배 사회 진출할 때 IMF가 터진 분 계십니까?

박영숙 저는 아니고 저희 남편이 IMF 직격탄을 맞았죠. 남편은 저랑 한 살 차이로, 1971년생이에요. 정상으로 대학 들어가고 군대 갔다 와서 졸업을 해서 취업하자마자 얼마 안 있다가 IMF가 터진 거죠. 그래서 그때부터 1971년생들이 스스로를 저주받은 학번이라고 많이 얘기를 하더라고요. IMF 때문에 회사에 들어갔는데 얼마 되지 않아 구조조정을 당하고 그랬죠. 굉장히 힘들어하는 사람들 많이 봤죠.

김종배 그럼 여러분은 IMF 터지고 나서 졸업한 분들이신가요?

박영숙 저는 직전에 졸업했어요. 1996년도에 졸업을 했죠.

김종배 그럼 IMF가 여러분들에게 어떤 영향을 미쳤습니까?

이두일 IMF 이후 학교생활이 달라졌죠. IMF 얼마 후에 벤처붐이 일었는데, 대단했어요. 당시에 '아이디어 하나 가지고 먹고살 게 많아졌다', '아이디어 하나만 있으면 뜬다', 이런 말이 많이 돌았어요. 제가 전자공학과이다 보니까 더 그랬어요. '천지인 한글 그게 몇 백 억짜리 가치를 가지고 있다더라', 이런 말이 돌면서 컴퓨터 개발업자로, 게임 개발업자로 나간 사람들도 있죠. 학교에 새로운 아이디어 상품을 만들기 위한 스터디 그룹이 굉장히 많았거든요. 나중에 다 망했지만, 교수들도 저희들에게 '너희들은 삼성전자 같은 데 굳이 갈 필요 없다. 새롬데이터 그런 데를 봐라. 주가 총액이 삼성전자보다 낫다' 이런 얘기를 많이 했죠. 당시에 벤처로 취업을 했던 사람들이 굉장히 많았어요.

김종배 제가 여쭤 보려고 했던 것도 바로 그건데. IMF라는 것이 여러분들에게 시련이었을지 모르겠지만, 바로 뒤이어 따라왔던 벤처 열풍이 여러분들에게 기회였을 수 있겠죠. 결국 여러분들의 삶에 직접적이고 강력한 영향을 미친 것 아닌가요?

이두일 영향을 많이 미쳤어요. 확실한 거 하나는 한탕주의예요. 벤처를 해서 돈 번 사람도 많았지만, 주식을 해서 번 사람이 많았거든요. 방송에서 어떤 사람이 주식을 30만원어치 사서 여자 친구에게 선물로 줬는데, 그게 3000만원이 됐다는 얘기들이 계속 나오고 있었어요. 그러다 보니까 사람들이 다 한탕주의에 빠지기 시작했죠.

장정수 IMF가 직접적인 영향을 미치기보다 신용카드가 더 컸죠. IMF를 해결하는 과정에서 소비 진작을 위해서 카드를 많이 풀었어요. 학생이었는데도 제가 카드를 대여섯 개 가지고 있었어요. 술 먹어도 그냥 먹는 게 아니라 좋은 안주에 양주 먹고, 옷도 명품 옷을 입었어요. 그렇게 막 썼죠. 카드가 다 빚인데도. 돌려 막으면서 생활을 한 거예요. 그런데 어느 날 갑자기 카드에 문제가 생겨서 한도를 줄여 버린 거예요. 그때부터 돌려 막기가 안 되는 거예요. 저뿐만 아니라 제 주위의 많은 사람들이 돌려 막고 있었어요. 저희 아버지도 그러시더라고요. 그때 집안이 완전 휘청거렸죠. 집도 팔고.

추길영 제가 다니던 광고대행사에서 카드 돌려 막기에 대해서 강의하던 선배도 있을 정도로 심했어요. 그냥 막 카드를 뿌리니까. 나중에 자살한 선배도 있었는데, 그 선배가 자기 카드빚이 얼마인지 다 까 보였었어요.

박영숙 저희 시댁이 사업을 하다가 어려워지니까 카드 돌려 막기를 했는데 말씀하신 대로 한도가 줄어들면서 난리가 나기 시작하더라고요.

도정훈 저 같은 경우에는 직업 선택을 하게 된 이유가 카드였어요, 어머니가 제 명의로 된 카드로 대출을 받은 것 때문이었어요. 문제가 터지니까 졸업할 때까지 기다릴 여유도 없고, 마침 좋은 게 있어서, 돈을 버는 길이니까 당장 저는 뛰어든 거죠.(도정훈 씨는 선물거래를 한다.)

최서연 그리고 그 당시에 정규직은 대부분 계약직으로 전환하지 않았나요? 그러면서 정규직 채용이 점점 줄고 그 이후로 계약직 채용을 했던 걸로 기억해요.

박영숙 제가 1990년대 초반 학번이니까, 제 나이 전후에 있는 사람들이 40대로 접어들거나 30대 말인 사람들이거든요. 이 사람들이 IMF를 다 거쳤기 때문에 만나서 하는 얘기를 들어 보면 '내가 겪었던 경제적 어려움을 내 아이한테는 물려주고 싶지 않다' 하는 거예요. 물론 부모 세대들이 기본적으로 가지고 있는 자식에 대한 책임의식이기도 하지만 한편으론 본인들이 IMF를 거치며 어려움을 겪다 보니 '내 자식은 그런 어려움을 겪게 하지 않을 거야. 아이가 좀 더 풍족하게 살게 해 줄 거야', 이런 것에 대한 열망이 굉장히 강한 것 같아요.

취업 대란

'그들'의 어린 시절은 풍요로웠다. '그들'이 아장아장 걸음마를 시작할 때 압축성장 엔진이 가동되기 시작했고, '그들'이 사춘기를 겪을 때 한국 경제는 전대미문의 3저호황을 맞았다. 아울러 '그들'이 대학에 갓 들어갔을 때, 또는 대학 진학을 준비하고 있을 때 한국 경제는 샴페인을 터뜨리고 있었다. '과소비'란 말이 유행할 정도로 압축성장의 과실을 폭식하고 있었다.

'그들'이 맛봤던 풍요는 동반성장의 결과였다. 정경유착의 폐해가 곳곳에서 나타나기는 했지만 그것은 사회구조의 문제였을 뿐, 사람들

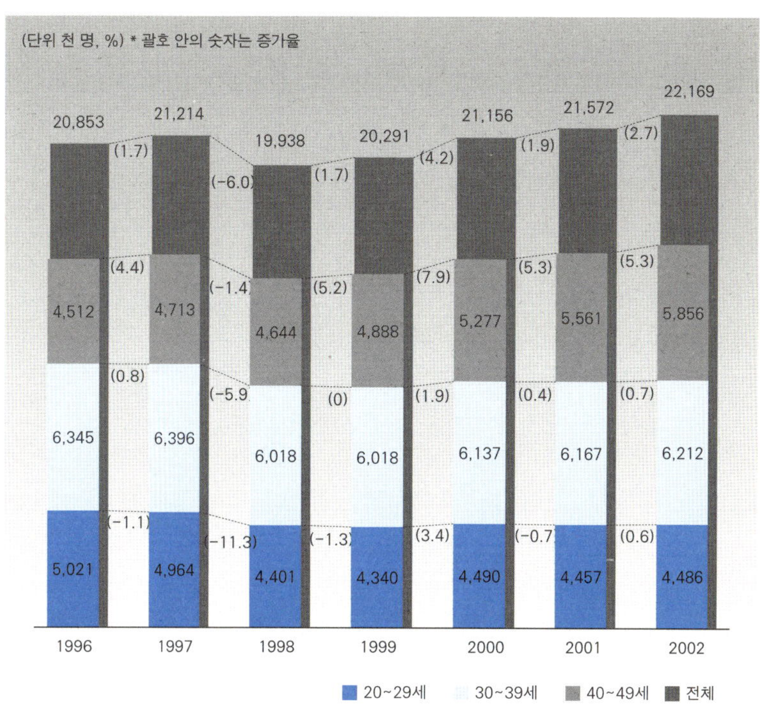

취업자 수 증감 추이   출처: 통계청

이 먼저 피부로 실감하는 경제에는 활력이 있었고, 그만큼 기회가 열려 있었다. 성장의 과실이 경제 전 부문에 되돌아 흐르던 시기였기에 일할 자리가 있었고, 일한 만큼 벌 수 있다는 믿음이 있었다.

하지만 이 같은 환경과 믿음은 1997년에 외환위기가 닥치면서 일거에 깨져 나갔다. '그들'이 처음으로 사회에 발걸음을 내디딜 때 닥친 외환위기는 '그들'의 믿음을 일거에 부숴 버렸다.

외환위기 여파가 가장 극심하게 나타났던 1998년에는 20대 취업자

수가 전년도에 비해 무려 11.3%포인트나 빠졌다. 대량해고의 칼바람이 모든 연령대를 강타한 해이긴 했지만 '그들'에게 휘몰아친 칼바람은 더욱 사나웠다. '그들'의 선배인 30대와 40대의 취업자 수 증감율이 각각 −5.9%, −1.4%를 기록할 때, 당시 20대였던 '그들'의 증감율은 −11.3%였다. 30대의 두 배, 40대의 10배에 달하는 고통이 '그들'에게 떠안겨졌다. 외환위기로 폭탄을 맞은 기업들이 직원 신규채용을 극력히 꺼리면서, 심지어 공고까지 냈던 합격자 발표를 취소하면서 나타난 현상이었다. 이런 상황에서 당시 20대였던 '그들'은 좌절했다.

장밋빛 희망과 꿈은 절망으로 변해 버렸다. 사회에 첫발조차 내디디지 못해 20대 대졸 미취업자로 분류돼 떠도는 이들의 한숨소리가 이 땅의 암울함을 더하고 있다. '90년대 학번'의 좌절과 방황이 그것이다.

"밤낮으로 인터넷 통신망을 열어 일자리를 알아보지만 소용이 없어요. 그나마 몇 자리가 나도 경력 없는 사회 초년병은 받아 주질 않습니다. 오늘도 쓴 소주 한잔으로 마음을 달래 보지만 무슨 소용이겠습니까."

올해 초 대학을 졸업한 주 아무개(25) 씨는 하루하루 괴롭기 짝이 없다. 매일 모교 도서관에 나가 책장을 뒤척이고, 다달이 6만원을 들여 영어회화 강좌도 듣고는 있지만 자꾸만 미래에 대한 불안감만 떠오른다. 얼마 전까지만 해도 그는 그나마 행복한 경우였다. 지난해 말 학교 추천으로 재벌그룹 계열사에 입사원서를 내 당당히 합격했고, 직장생활에 필요한 지식을 익히려 나름대로 열심히 공부를 했다. 그러나 곧 '날벼락'이 떨어졌다. 국제통화기금 한파로 경영난을 겪게 된 회사가 신입사원의 채용 발령을 연기해 버린 것이다. 졸지에 고학력 실업자 신세로 전락한 주 씨는 이곳저곳 문을 두드려 보지만, 신입사원을 뽑는 데가 거의 없어 애만 태우고 있다. 지난 20일에는 한 중학교에서 계약직으로 임시교사를 뽑는다고 해 면접을 봤지만, 이것저것 부족한 것이 많다는 교장의 훈계만 듣고 나왔다.

이제 1990년대 학번들에게 '사회에 나가 먹고살아야 한다는 것', '취업해야 한다는 것'은 절체절명의 과제로 떠올랐다. 그러나 어떤 일자리도 그들을 기다리지 않는다. 오히려 '사회 초년생'과 '고학력'이라는 딱지 때문에 취업전선에서는 일방적으로 불리한 싸움을 하고 있다.

"일반 커피숍에서 서빙 일이라도 하고 싶어요. 그러나 나이 따지고, 학력 따지고 해서 되는 게 없네요." 대학에서 서양화를 전공한 뒤 최근까지 미술학원에서 강사 일을 해 온 옥 아무개(27·여) 씨도 구제금융 한파의 영향으로 학원에 학생들의 발길이 끊기는 바람에 최근 '하는 일 없는 신세'가 됐다. '노느니 상점 점원이라도 해야겠다'는 생각에 이곳저곳 일자리를 알아봤지만, 나이 많고 고학력자라는 두 가지 이유 때문에 번번이 거절당했다. "그냥 일하고 싶어요. 시간은 많이 남는데, 나를 반겨 주는 데는 없고…… 자신감도 떨어집니다. 나를 필요로 하는 데는 정녕 없는지……. 정신적 피로가 이만저만이 아녜요."

특히 인문사회계열 대졸자들의 경우는 더욱 그러해, 고시로 몰리는 학생들이 크게 늘어나는 현상마저 심화되고 있다. 서울기독교청년회(YMCA)가 이달 중순 서울지역 4년제 대학 졸업생 및 졸업예정자 1041명을 대상으로 조사한 결과, 전체 응답자 중 10.5%만 사기업체 입사시험을

준비할 뿐, 졸업예정자의 9.5%와 기졸업자의 16.4%는 고시 준비를 하는 것으로 나타났다.(중략)

당장 취업전망이 불투명해지자 졸업을 눈앞에 둔 재학생들이 대학원 진학으로, 군 입대로, 휴학으로, 유학으로 임시 돌파구를 찾고 있다는 것은 이미 잘 알려진 사실이다.

서울의 명문대인 K대 94학번으로 2학년을 마치고 올 3월 제대한 홍 아무개(23) 씨는 곧바로 복학하지 않았다. "취직했다가 잘리는 선배들이 쏟아지고, 앞으로 전망도 불투명하니 당장 복학해 공부할 엄두가 나지 않아요. 앞으로 좀 더 두고 보면서 전망을 찾으려고 해요." 그는 내년에 복학해 1년쯤 다녀 보고 그래도 전망이 안 서면 1년 더 휴학할 계획이라고 한다.(중략)

관계자들은 올 가을에 대기업들이 신입사원을 거의 뽑지 않는 등 취업 사정이 더 나빠지면 내년 초에는 이런 대졸 미취업자가 쉽사리 45만여 명 선에 이를 것으로 내다보고 있다.●

그래도 괜찮았다. 취업대란이 한순간의 악몽이었다면, 잠깐 스쳐 지나가는 바람이었다면 '그들'은 충격파를 딛고 재기에 나섰을지 모른다. 하지만 사회는, 그리고 기업은 굳게 잠근 취업문을 오랫동안 열지 않았다. '그들'의 선배인 '386세대'의 경우 1999년부터 비록 소폭이긴 하지만 취업자 수 증감율이 마이너스에서 플러스로 돌아서고, 당시 40대였

● 《한겨레》, 「대학교 거대한 '백수' 탱크」, 1998년 7월 28일자

던 '475세대'의 경우 5%대가 넘는 증가율을 보이는 동안에도 '그들'의 취업문은 굳게 잠겨 있었다. 2000년에 잠깐 3.4%의 반짝 증가율을 기록했을 뿐(이 수치도 사실 저주의 전주곡이었다) 다른 해에는 정체 또는 마이너스를 기록했다.

최근 들어 20대의 극심한 취업난이 사회문제화되고 있고, 그 여파로 '88만원 세대'라는 호칭까지 생겨났지만 엄밀히 살피면 '88만원 세대'는 첫 번째 청년백수 세대가 아니다. 굳게 잠긴 취업 빗장 앞에서 무릎 꿇고 절망한 첫 세대는 '그들'이다. '그들'이 본격적으로 사회에 진출하기 시작하던 때에 닥친 외환위기가 청년백수 시대의 서막을 열었고, '그들'은 끝이 보이지 않는 실업대열의 맨 앞자리로 등 떠밀렸다.

벤처 대란

쥐구멍에도 볕 들 날이 있다고 했다. '그들'에게도 기회의 문이 열렸다. 김대중 정부가 외환위기를 극복하기 위해 1999년부터 필사적으로 전개했던 벤처육성정책 덕에 '그들'은 새롭게 취업문을 두드릴 수 있었다. 앞서 살핀 2000년의 20대 취업자 수 3.4% 증가 수치도 이에 기인한 면이 적지 않았다.

벤처붐이 불면서 '그들'을 휘감았던 좌절 분위기는 성공신화에 대한 기대감으로 바뀌었고, 나아가 대박의 꿈으로까지 부풀어 올랐다. 하지만 그건 일장춘몽이었다. 벤처기업은 너무 쉽게 설립된 꼭 그만큼 너무 허망하게 무너지기 시작했다.

김대중 정부의 벤처육성정책이 본격적으로 시행된 지 1년도 지나지 않아 벤처 대란설이 유포되기 시작했고 시장은 급속히 가라앉았다. 《국민일보》는 당시의 시장 분위기를 이렇게 전했다.

최근 나돌고 있는 '벤처 대란설'은 수익모델이 불투명한 인터넷 벤처기업들이 심각한 자금난을 이기지 못해 올 하반기 무더기 도산할 것이라는 전망에서 비롯됐다. 코스닥 시장의 거품이 빠지면서 투자자들이 수익전망이 불투명한 인터넷 기업에 등을 돌렸다는 것. 게다가 금융구조조정이 제대로 이루어지지 않으면서 은행은 돈을 풀지 않고 투신사들도 크게 위축돼 있다.

◇실태=현재 가장 심각한 자금난을 겪고 있는 벤처기업들은 지난해 하반기 이후 창업한 자본금 3억, 5억원 규모의 인터넷 기업들이다. 시기적으로 볼 때 2차 펀딩(자금조달)이 필요한 때지만 창업투자회사나 엔젤투자자는 인터넷의 '인'자만 들어가도 냉담한 반응을 보이고 있다. 특히 회원 확보에 막대한 투자가 들어가는 콘텐츠 또는 포털서비스 업체의 경우 광고수입 외에는 수익모델이 불확실하다는 이유로 자금조달이 사실상 막혀 있다.

일부에서는 '닷컴' 벤처기업들의 자금난이 무더기 도산으로 이어져 '제2의 경제위기'를 낳을 수도 있다는 극단적인 전망까지 내놓으면서 위기감을 부추기고 있다. 인터넷 벤처기업들이 무더기 도산하면 이들 기업을 고객으로 하는 솔루션 업체와 시스템 업체 등의 타격이 불가피하고

투자금을 날린 중소 창투사들도 휘청거릴 수밖에 없다는 것이다.[*]

　이 암울한 전망은 넉 달 후 실제가 됐다. 닷컴기업을 중심으로 매서운 한파가 몰아치기 시작했고, 닷컴기업을 통해 겨우 취업의 끈을 부여잡았던 '그들'은 또 다시 실업자로 전락했다.

　한국인터넷기업협회는 25일 올해 사회적 이슈가 됐던 인터넷업계의 10대뉴스를 선정, 발표했다. 협회는 최근 한 달간 네티즌을 비롯해 인터넷기업과 관련 기관, 단체 등 1000여 곳을 대상으로 10대뉴스를 공모했다고 밝혔다.
　1. 닷컴신화 몰락=지난 4월부터 벤처거품론이 대두되면서 코스닥시장의 진입장벽이 높아지고 벤처기업에 대한 투자규모가 현저히 줄었다. 벤처대란설로 닷컴업체들은 '죽음의 계곡'으로 빠져들었고 알짜마트 등 유망기업의 도산사태가 빚어지기도 했다.[**]

카드 대란

　'그들'은 이렇게 롤러코스터를 탔다. 좌절 모드에서 성공 모드로, 성

● 　《국민일보》, 「벤처대란설의 실체는…」, 2000년 7월 25일자

●● 　《국민일보》, 「인터넷업계 10대뉴스…닷컴 "아, 옛날이요!"」, 2000년 12월 26일자

공 모드에서 다시 좌절 모드로 굴곡진 20대를 보내야 했다. 하지만 그게 끝이 아니었다. 더 큰 문제가 기다리고 있었다. 카드 대란이 만신창이가 된 '그들'을 또 한 번 가격할 준비를 하고 있었다.

외환위기 극복을 최대의 국정목표로 설정한 김대중 정부는 벤처육성과는 다른 차원에서 또 하나의 내수진작책을 모색했다. 바로 신용카드 규제 완화였다. 신용카드 발급과 사용을 진작해 실물경기가 좀 더 빨리 회복되고, 좀 더 활력 있게 돌아가도록 하려는 것이었다.

김대중 정부의 이 정책은 길거리에서 나이도, 직업도, 소득도, 재산도 따지지 않는 신용카드사의 '묻지마 모객'으로 나타났다. 빚 얻어 소잡는 행태를 유발하는 위험한 현상이었지만 누구도 거부하지 않았다. 외환위기 여파가 계속돼 삶이 곤궁해진 사람들에겐 아쉬운 소리 하며 돈을 꾸는 것보다 신용카드를 긁는 게 더 편했다.

'그들'의 경우엔 더 그랬다. 취업대란에 이은 벤처대란으로 주머니가 텅 빈 '그들'에겐 신용카드가 생활비를 조달할 가장 좋은 창구였다. '그들'은 열심히 신용카드를 긁어 댔다. 경기도가 조사한 결과(전국 단위의 통계를 구할 수 없었다), '그들'의 신용카드 이용률은 2000년 46.5%에서 2002년 71.9%로 급증했다. 이용률이 무려 54.6%가 넘게 증가했다. 이같은 증가율은 당시 30대였던 '386세대'의 증가율 27.3%의 두 배에 달하는 수치다.

이용률과 함께 사용금액도 증가했다. 경상남도의 조사 결과(이 또한 전국 통계자료는 구할 수 없었다) 2000년에 21.9%였던 '10만원 미만 사용'이라는 응답률은 2003년에 15.5%로 줄어든 반면 '10~30만원 사용'과

(단위 %)

	2000년			2001년			2002년		
	이용	있지만 이용 안 함	없음	이용	있지만 이용 안 함	없음	이용	있지만 이용 안 함	없음
평균	39.8	12.0	48.2	50.8	6.6	42.6	54.4	7.0	38.5
15~19세	2.4	2.8	94.8	7.3	2.5	90.1	10.1	2.8	87.1
20~29세	46.5	13.6	39.9	65.4	7.4	27.3	71.9	7.5	20.6
30~39세	61.0	13.7	25.4	73.7	7.0	19.3	77.7	7.6	14.7
40~49세	46.3	15.4	38.3	58.2	8.8	33.1	63.8	9.2	27.0
50~59세	25.6	13.9	60.5	33.4	7.5	59.1	37.8	8.9	53.3
60세 이상	7.7	5.2	87.1	9.0	3.6	87.4	10.0	3.8	86.3

신용카드 이용실태

출처: 경기도, 「경기도민 생활수준 및 의식구조 조사」

(단위 %)

	2000년						2003년					
	사용 안 함	10만 미만	10~30 만 미만	30~50 만 미만	50~100 만 미만	100만 이상	사용 안 함	10만 미만	10~30 만 미만	30~50 만 미만	50~100 만 미만	100만 이상
30세 미만	51.5	21.9	18.3	6.1	1.8	0.5	34.6	15.5	27.0	12.5	6.5	3.8
30~39세	36.2	25.3	25.2	8.5	3.6	1.3	13.6	14.5	32.1	22.1	13.6	4.1
40~49세	51.5	19.8	19.3	6.3	2.2	1.0	26.7	14.4	27.6	16.9	10.8	3.7
50~59세	71.4	14.2	9.9	3.5	0.8	0.3	56.2	11.2	19.0	8.5	3.2	1.9
60세 이상	87.2	5.9	4.5	1.5	0.8	0.2	84.9	5.0	6.0	2.5	0.9	0.6

신용카드 사용금액

출처: 경상남도 「경남사회통계조사」

'30~50만원 사용' 응답률은 각각 18.3%에서 27%, 6.1%에서 12.5%로 늘었다. 심지어 '100만원 이상 사용' 응답률도 0.5%에서 3.8%로 7배 이상 폭증했다.

일시적 포만감은 금세 사라졌다. 빚 얻어 소 잡은 경우이니 더 그랬다. 빚 독촉이 날아들었다. '그들'의 위험천만한 카드 인생은 결국 파탄으로 귀결됐다. 카드 대란이 발생하자 '그들' 사이에서 신용불량자가 속출했다.

우리나라 20~30대의 약 9%가 신용불량자인 것으로 나타났다. 1일 은행연합회에 따르면 3월 말 20~30대 신용불량자는 143만 9000명으로 해당연령 전체 인구 1574만 명의 9%에 달했다. 20대 신용불량자는 57만 5000명으로 20대의 8%, 30대 신용불량자는 86만 4000명으로 10%를 차지했다.

특히 20~30대 신용불량자의 증가세가 두드러져 신용불량 등록기준 상향조치로 크게 줄었던 지난해 6월 말 100만 명에서 9개월 만에 43%나 증가했다.

이 중 20대 신용불량자는 같은 기간 35만 4000명에서 57만 5000명으로 무려 62%나 뛰었는데 이는 전체 신용불량자가 225만 9000명에서 295만 5000명으로 30% 증가한 것에 비하면 매우 가파른 상승세다.

이 같은 상승세로 인해 20~30대 중에서 신용불량자가 차지하는 비중도 지난해 6월 말 6.3%에 비해 3%포인트가량 뛰었다.

연합회 관계자는 "사회에 진출해 왕성한 경제활동을 벌여야 할 20~30

대 100명 중 9명이 금융전과자로 낙인찍혔다는 것은 심각한 사회불안 요인이 될 수 있다"며 "일단 신용불량자가 되면 정상적인 생활로 복귀하기가 어려운 만큼 신용회복 지원 등 대책 강화가 시급하다"라고 말했다.●

부동산 대란

카드 대란이 잦아들 즈음 또 하나의 태풍이 몰려왔다. 2006년에 정점을 찍은 부동산 대란이었다. 이 대란은 광풍에 가까웠다. 전국의 땅값과 집값이 순식간에 두 배 뛰면서 월급쟁이에겐 내 집 마련이 신기루 같은 꿈이 되어 버렸다.

대한주택공사 산하 주택도시연구원 지규현 박사의 분석에 따르면 근로자 가구의 월평균 소득(322만원)을 기준으로 대출받아 구입할 수 있는 적정 주택구입 가격은 3억 3661만원이다. 시세의 60~80%에 불과한 정부의 공시가격으로도 6억원이 넘는 강남의 30평형대 아파트를 사려면 월 700만원 정도를 벌어야 가능하다. 시세대로 집을 사려면 월 소득이 1000만원이라도 부족할 판이다. 이 때문에 '로또 당첨'이나 부모에게서 받은 재산이 없는 한 '자수성가'는 불가능하다. 부동산뱅크가 지난해 월평균 소득과 금리, 아파트값 등을 기초로 분석한 결과, 서울에서

● 《한국일보》, 「20, 30대 9%가 신용불량자」, 2003년 5월 2일자

대출을 받지 않고 32평형을 마련하는 데 27년 5개월이 걸리는 것으로 나왔다.[•]

부동산 대란의 가장 큰 피해자도 '그들'이었다. '그들'은 당시에 막 결혼을 해서 가정을 꾸렸거나 결혼을 준비하고 있었다. 생애 최초로 내 집 마련이 생활의 문제로 다가오던 때였다. 바로 그 시기에 부동산 대란이 터진 것이다. 상황이 이러했으니 부동산 대란이 '그들'의 삶을 어떻게 비틀어 놨을지는 어렵지 않게 추측할 수 있다. 그건 빚더미 인생이었다. '그들'의 주택금융 대출금 증가율은 부동산 대란을 거치면서 11.4% 증가했다. 이 수치는 40·50대의 증가율 3.2%에 비해 무려 4배 가까이 높은 것이었다.

빚의 규모가 상대적으로 큰 것만이 문제가 아니었다. 더 큰 문제는 그 빚의 기원이었다. 40·50대는 '그들'보다 10~20년 전에 사회에 진출한 사람들이었다. 따라서 그 기간만큼 부동산 대란에 대응할 수 있는 종잣돈도 더 축적하고 있었다고 봐야 한다. 반면에 '그들'에게는 종잣돈이 없었다. 40·50대가 보낸 20대 때와는 달리 취업-벤처-카드 대란을 겪어야 했기에 종잣돈 축적이 여의치 않았다. 따라서 '그들'이 부동산 대란으로 입은 타격은 이전 세대에 비해 갑절은 컸고, 또 그만큼 억울할 수밖에 없었다.

● 《경향신문》, 「〈진보개혁의 위기―길 잃은 한국〉 4부 (2) 진보의 10대 의제―부동산」, 2006년 11월 27일자

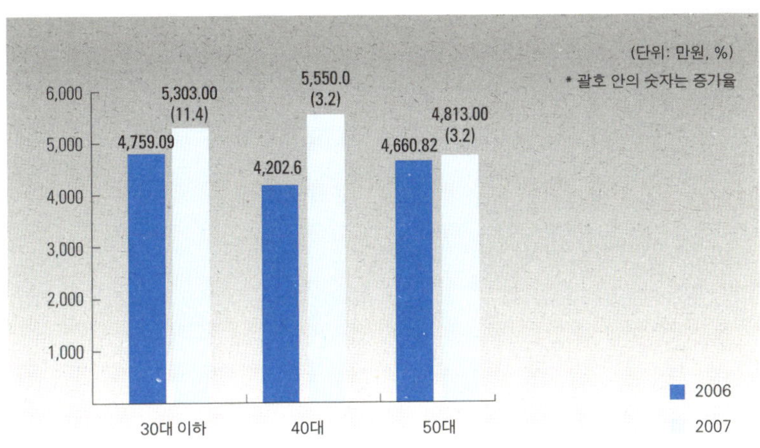

주택금융 대출금 평균과 증가율   출처: 한국주택금융공사

상황이 이러했으니 부동산 대란을 제어하지 못한 정부를 바라보는 '그들'의 눈이 고울 리 없었다.

한국사회여론연구소(KSOI)는 지난 14일 '디오피니언'에 의뢰해 전국의 성인 남녀 700명을 대상으로 실시한 여론조사(표본 오차 95% 신뢰 수준에 오차 범위 ±3.7%) 결과를 16일 발표했다. 노무현 대통령의 국정운영 지지도를 살펴본 결과, '잘하고 있다'는 응답은 11.0%, '잘못하고 있다'는 응답은 79.9%로 나타났다. 지난 10월 24일 조사 때보다 1.9%포인트 떨어진 것으로 가장 낮은 국정운영 지지도를 보였다.

주목할 대목은 그동안 노무현 대통령에 대해 상대적으로 후한 점수를 줬던 30대 계층에서 비판여론이 가장 높았다는 점이다. KSOI가 지난

달 10일 정기 여론조사를 벌였을 때 30대의 노무현 대통령 국정운영 지지도는 20.7%로 20대와 함께 상대적으로 높은 지지율을 보였다. 그러나 이번 조사에서 30대의 지지율은 5.6%로 폭락했다.●

그렇게 기세등등했던 부동산 대란은 2007년을 기점으로 잦아들기 시작했고 그 후 몇 년 동안 집값은 안정세를 유지하고 있다. 하지만 이 '안정세'라는 단어도 '그들'에겐 그리 달가운 용어가 아니다. 부동산 대란에 데어 끝물을 탔던 '그들'에겐 특히 그렇다. 부동산 대란 초기에 집을 사 짭짤한 재미를 봤던 일부 극소수 사람들을 제외하고, 천정부지로 치솟는 집값에 놀라 어떻게든 집 한 채 장만하려고 이리저리 빚을 끌어 모은 사람들에게 집값 안정세는 빈곤으로 이끄는 통로와 같다. 이른바 '하우스 푸어'의 길을 강제당하고 있는 것이다.

수치가 실증한다. 2010년과 2011년을 비교해 보면 '그들'의 순자산 증가율은 2.5%로 가장 낮았다. '88만원 세대'의 6.1%, '386세대'의 4.4%에 비해 현저하게 낮았다. 거의 제자리걸음을 한 셈이다. 이 같은 현상은 자산 가운데 부동산만 놓고 볼 때 더 극명하게 나타났다. '그들'의 부동산 자산 증가율은 0.1%로, 전혀 늘지 않았다.

소득의 증가도 더뎠다. '88만원 세대'의 경상소득과 가처분소득 증가율이 각각 8.8%와 12.0%를 기록할 때, 그리고 '386세대'의 그것이 각각 7.7%와 9.8%를 기록할 때, '그들'의 증가율은 2.8%와 4.4%에 그쳤다.

● 《미디어오늘》, 「부동산 대란에 '30대' 화났다」, 2006년 11월 16일자

(단위: 만원, %)
* 괄호 안의 숫자는 증가율

		자산총액	부채총액	순자산액
30세 미만	2010년	7,568	936	6,632
	2011년	8,310(9.8)	1,268(35.4)	7,042(6.1)
30~40세	2010년	19,696	3,981	15,716
	2011년	20,733(5.2)	4,609(15.7)	16,124(2.5)
40~50세	2010년	29,002	5,626	23,376
	2011년	30,887(6.4)	6,469(14.9)	24,419(4.4)

가구주 연령대별 자산 및 부채현황과 증가율　　　　　　출처: 통계청

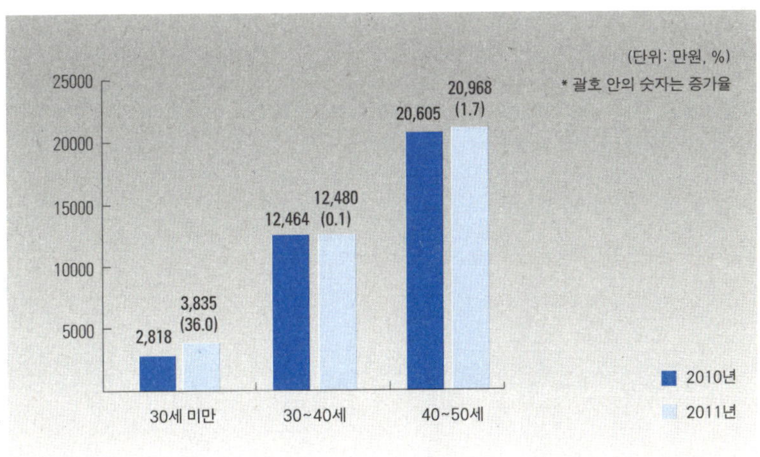

부동산 자산 증감 추이　　　　　　출처: 통계청

소득 증가율이 선후배들의 절반에도 미치지 못했다.

빚 얻어 집을 샀는데 집값은 제자리걸음을 하고 소득이 늘어나는 속도마저 더디다면 '그들'의 삶이 어떻겠는가? 외형이 어떻든 '그들'의 삶은 팍팍함을 넘어 피폐함으로 내몰릴 수밖에 없고, 그만큼 불만은 높아질 수밖에 없다.

그래도 자기 집을 갖고 있는 '그들'에게는 비빌 언덕이라도 있다. 내 집 한 칸 없는 셋방살이 인생들의 삶은 더욱 곤궁하다. 어차피 집값은 아득히 높은 곳에 있다. 집값은 안정세를 보인다고 해도 한 푼 두 푼 모아 장만할 수 있을 만큼 만만한 가격이 아니다. 셋방살이하는 '그들'에게 닥친 문제는 아득히 높은 곳에 있는 내 집이 아니라 지금 자리 깔고

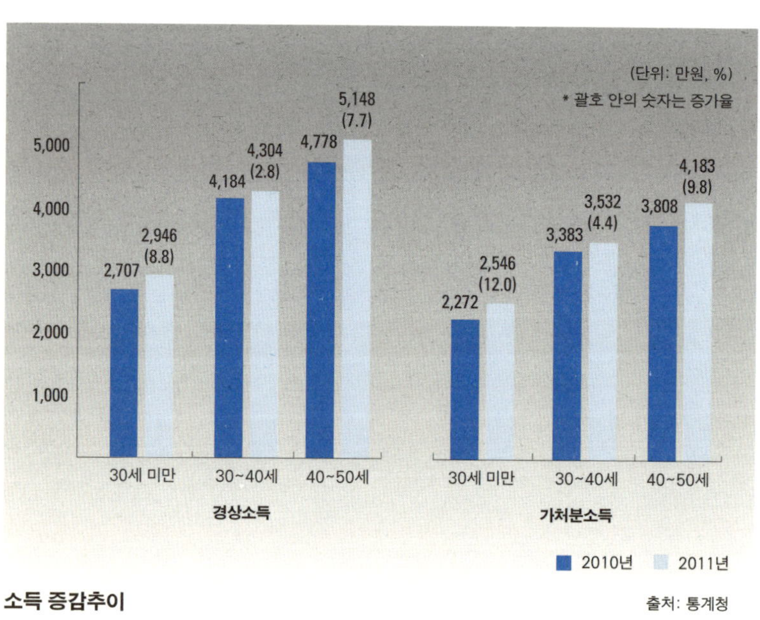

소득 증감추이

출처: 통계청

있는 셋방이다. 그런데 2010년 말부터 불어 닥친 전월세 대란이 셋방살이 '그들'의 삶을 궁지로 내몰고 있다. 두 번에 걸친 부동산 대란이 '그들'의 삶 전반을 흔들어 버린 것이다.

양극화된 자산

이런 경험 때문일 것이다. 자산에 대한, 더 정확히 말하면 자산 양극화에 대한 '그들'의 민감도는 유별나게 높다. 한겨레사회정책연구소와 보건사회연구원의 조사 결과를 보면 '그들'은 가장 심각한 양극화로 '부동산 등 자산 양극화'를 꼽는다. 이에 대한 응답률은 33.9%로, 전체 평균 29.0%를 훨씬 웃돌 뿐만 아니라, '그들'이 두 번째로 심각한 양극화 문제로 꼽은 '대·중소기업 간 양극화' 응답률 26.7%을 크게 웃도는 것이기도 하다.

이 지점에서 인생살이 이치를 다시금 되새길 필요가 있다. 모두가 겪는 아픔이라면 감내할 수 있다. 모두가 빈곤에 시달리던 절대빈곤의 시대에 오히려 경제적 갈등이 적었던 것처럼 말이다. 하지만 같은 세대 내에서 양극화가 심하게 나타난다면 문제가 달라진다. 상대적 박탈감은 커지고 계층간 위화감은 깊어진다. 자산 양극화를 자못 심각하게 바라보는 '그들' 시각의 바탕은 바로 이것이다.

단순한 시각이 아니다. 그건 객관적 현실이다. 연세대 사회발전연구소의 이상붕 전문연구위원이 1999년부터 2006년까지의 자료를 모아

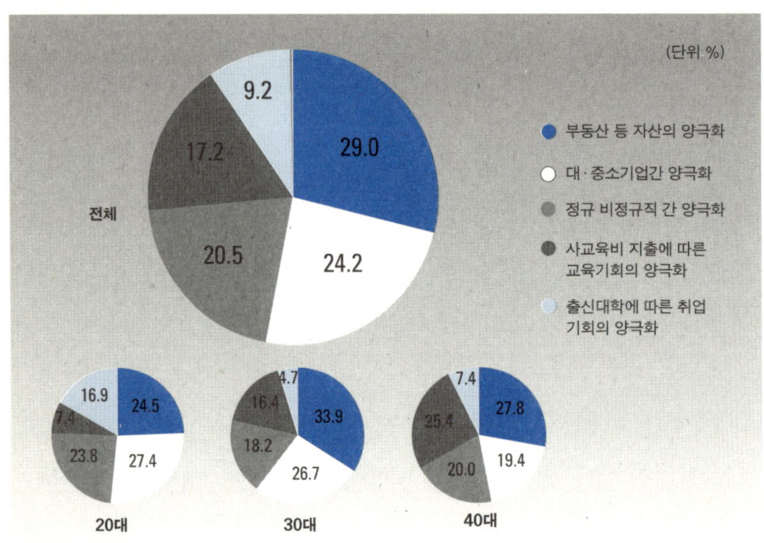

양극화에 대한 인식

평균을 산출한 결과[•]를 보면 '그들' 내의 자산 양극화는 어느 세대보다 심하다. 부의 불평등 정도를 나타내는 지니계수(수치가 높을수록 불평등 정도가 심하다)를 보면 부동산을 비롯한 비금융 자산의 지니계수가 0.96으로 가장 높다. 이뿐만이 아니다. '그들' 내부로 한정해 비금융 자산과 금융 자산, 부채, 근로소득의 불평등 정도를 조사한 결과에서도 비금융 자산의 지니계수가 가장 높게 나온다. '그들'을 옥죄는 제일의 요인은 바로 비금융 자산, 특히 부동산인 것이다.

가구소득에 비해 경제적 지위를 낮게 평가하는 '그들'의 시각, 그리

[•] 이상붕, 「부의 불평등 시각에서 바라본 연령 집단의 경제 불평등」, 『현상과 인식』 2010년 겨울호

	비금융자산	금융자산	부채	근로소득
30대	0.96	0.71	0.75	0.20
40대	0.95	0.77	0.77	0.36
50대	0.95	0.80	0.79	0.40

연령집단에 따른 순자산 원천 지니계수 평균

고 노력과 보상 간의 상관관계를 부정적으로 바라보는 '그들'의 시각, 이런 '그들'의 시각이 배태된 결정적 이유는 자산 양극화이고, 거기서 비롯된 상대적 박탈감이다. 근로소득의 불평등 정도는 가장 낮으면서도 비금융 자산의 불평등 정도는 가장 높은 '그들'의 현실이 상대적 박탈감을 키우고 이런 상대적 박탈감이 상대적 진보성으로 귀결된 것이다.

혹여 자산 양극화와 상대적 박탈감이 어찌 '그들'만의 문제냐고 반박할지 모르겠다. 이런 반박에 대한 대답은 통계청 자료에 담겨 있다. 이 자료를 보면 20·30·40대 모두 2005년에 비해 2010년의 자가 점유율은 떨어지고 전·월세 점유율이 높아지는 것으로 나온다. 반박의 요지대로 자산 양극화와 상대적 박탈감은 모든 세대에 걸친 문제로 나온다.

그럼에도 불구하고 놓칠 수 없는 게 있다. 주택 점유 형태별 증감율 이면에 가려진 특성이다. 20대는 70% 이상이 전·월세이고, 40대는 50% 이상이 자가 소유다. 반면에 30대의 점유율은 자가와 전세, 월세로 고루 분산돼 있다. 달리 말하면, 20대는 같은 연령집단 내에서 자산

(부동산) 양극화가 본격적으로 나타나지 않는다. 20대의 절대 다수가 셋방살이를 하거나 부모 집에 얹혀 산다. 40대의 경우 같은 연령집단 내에서의 양극화가 어느 정도 진행된 뒤끝의 모습을 보인다. 과반 이상의 다수가 자가 소유자로 올라서고 나머지가 문간방 신세로 전락한 상태가 고착화된다. 반면에 30대는 연령집단 내에서의 자산 양극화가 본격적으로 진행되는 양상을 보인다. 20대 때의 '다 함께 셋방살이' 형태가 본격적으로 해체되기 시작하면서 40대 때의 분화의 고착화를 향해 가는 과도기적 양상을 보인다. 그래서 연령집단 내의 자산 양극화는 진행 양상이 격렬하다.

30대의 이런 특성은 '386세대'가 30대였을 때나, '475세대'가 30대였을 때나 크게 다를 바가 없다. 그럼에도 불구하고 '그들' 연령대의 특성을 강조하는 이유는 이 특성이 좀 더 강하고, 격렬하고, 잔혹한 양상으로 전개됐기 때문이다. 이전의 30대가 경험해 보지 못한 역사적 특수성, 즉 네 번의 대란이 이 30대의 연령대 특성을 강화했고, 그 결과가 상대적으로 심화된 양극화인 것이다.

'그들'에게 닥친 취업·벤처·카드 대란은 부를 축적할 기회를 상대적으로 앗아 갔다. 이전 세대에 비해 부를 축적할 기회도 줄어들고, 축적한 부의 양도 상대적으로 왜소해졌다. 그리고 이어서 닥친 부동산 대란은 이 같은 '그들'의 역사적 상흔을 더 크게 만들었다.

어떤 이들은 '그들'의 맞벌이 비율이 이전 세대에 비해 높은 점을 들어 상대적으로 풍요한 세대라고 말하지만 그건 크나큰 착각이다. 맞벌이를 해서 풍요로운 게 아니라 맞벌이를 해야 그나마 삶이 유지될 만

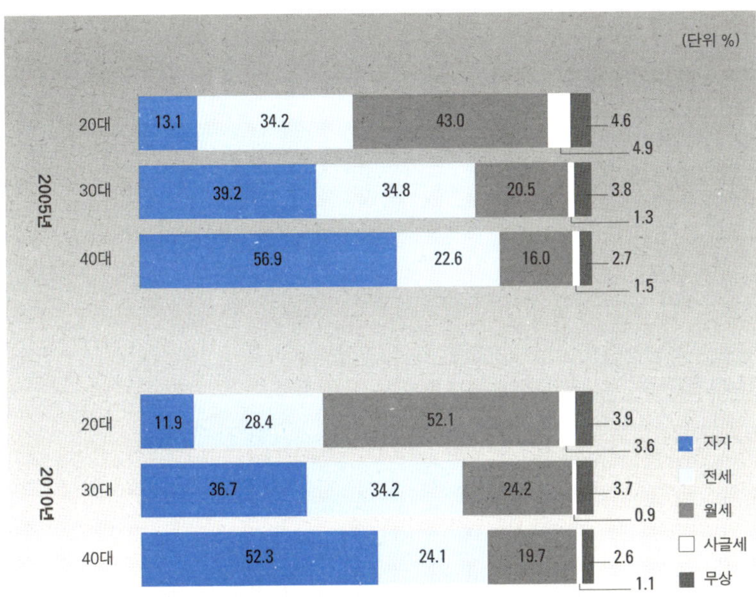

가구주 연령별 주택 점유형태

출처 : 통계청

큼 팍팍한 것이다. 또 어떤 이들은 30대의 미혼율이 2005년 21.6%에서 2010년 29.2%로 오른 것을 놓고 삶을 즐기는 세대라고 평하지만 이 또한 너무 일방적인 해석이다. 개중에는 즐기기 위해 결혼을 안 하는 사람도 있겠지만 그런 사람들 못지않게 여유가 없어 결혼을 못하는 사람들도 많다.

물론 예외는 있다. 외환위기의 와중에도 용케 좋은 기업에 들어가 종잣돈을 꾸준히 축적한 사람들, 벤처 대란을 대박으로 승화시킨 일부 극소수의 사람들, 그리고 무엇보다 부모 잘 만나 부동산 대란을 재테크의 호기로 활용한 사람들은 당연히 예외다. 자신의 경제적 지위를 상층이라고 응답한 6.2%의 '그들'이 바로 이런 사람들일 것이다. 6.2%의 예외적인 '그들'과 59.3%의 빈곤한 '그들'이 만나 세대 내 양극화 현상을 극명하게 드러내고 있다.

'그들'의 족적을 살피니 선연해졌다. '그들'은 참으로 재수 없는 세대다. 신자유주의 광풍을 가장 먼저 맞은 세대다. 신자유주의 광풍으로 세대 내 양극화의 쓴맛을 가장 먼저 맛본 세대다.

신자유주의 폭탄

마지막으로 풀어야 할 숙제가 하나 남아 있다. 인과관계다. '그들'이 자신들의 경제적 지위를 낮게 평가하는 주된 이유가 자산 양극화이고, 이 요인이 경제사회적 불만을 키웠다는 점은 확인했지만 더 중요한 인과관계가 마저 규명돼야 한다. 날 선 경제사회적 의식이 왜 진보성으로 귀착되는가 하는 점이다. 특히 '그들'을 사지로 내몰았던 네 번의 대란 가운데 벤처·카드·부동산 대란은 진보정권이라 불린 김대중·노무현 정부 때 빚어진 일인데도 왜 범진보 진영을 더 많이 지지하느냐는 점이다.

얼핏 봐선 난해한 문제 같지만 사실은 그리 복잡하지 않다. 답은 이미 나와 있다. 앞서 살펴본 수치들에 응축되어 있다. 개인으로선 어찌

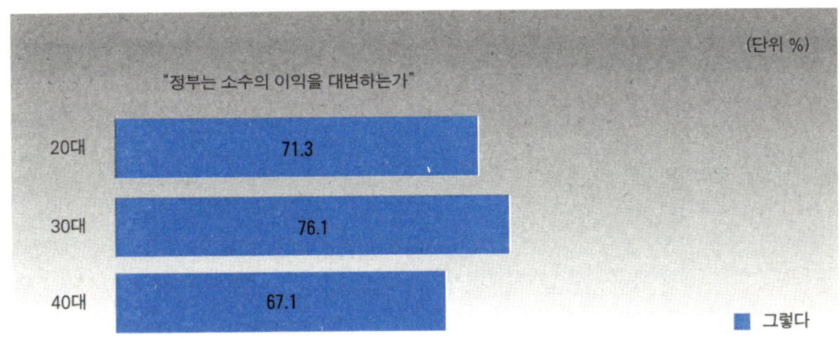

정부에 대한 평가

해 볼 도리가 없는 지경으로 가 버린 게 자산 양극화 문제이고, 이 문제를 해결할 방법이 더 많은 복지, 더 확실한 구조 개혁이라고 '그들'은 믿는다. 이렇게 믿으면서 찾는다. 복지와 구조 개혁에 더 심혈을 기울일 정치세력을 찾는다.

이 문제에 관한 한 범보수 진영보다는 범진보 진영에 로열티가 있다. 진보의 정체성을 구성하는 주된 요인이 바로 복지와 시장개혁이라는 점은 주지의 사실이다. '그들'도 이런 주지의 사실을 믿어 의심치 않는다.

이런 기본 인식에 현실 인식이 추가된다. 이명박 정부의 'MB노믹스'와 '비즈니스 프렌들리'가 분배와 복지의 맞은편에서 전개됐다는 사실, 그리고 이명박 정부와 범보수 진영이 복지 담론에 노골적으로 대치선을 치는 현장을 똑똑히 목도했다.

이를 입증하는 수치가 있다. 동아시아연구원과 YTN 등이 2011년 2

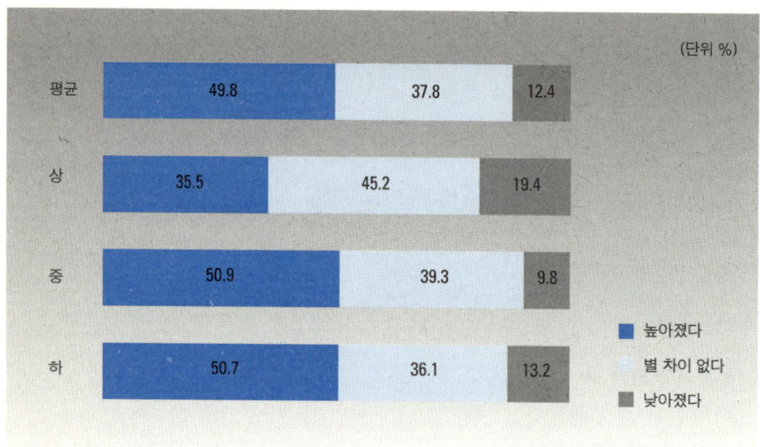

경제적 지위별 정치 관심도

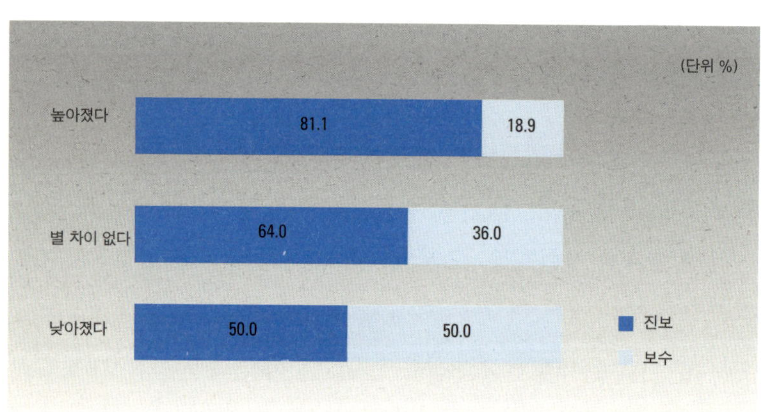

정치 관심도별 이념 성향

월에 조사한 결과다. '정부는 소수의 이익을 대변하는가'라는 질문에 '그렇다'라고 응답한 비율을 보면 '그들'이 가장 높다. 응답률이 76.1% 로, '88만원 세대'의 71.3%, '386세대'의 67.1%보다 높다.[•] 한겨레사회 정책연구소와 보건사회연구원의 조사 결과에도 비슷한 내용이 담겨 있다. '과거와 비교해 정치에 대한 관심은 어떻게 변했는가'라는 질문 에 대한 '그들'의 응답을 보면 '높아졌다'란 항목에서 경제적 지위에 따라 극심한 편차를 보인다. 경제적 상층과 중·하층 간의 응답률 편차가 15%포인트에 달한다. 그리고 '그들' 가운데 '과거에 비해 정치에 대한 관심이 높아진' 사람들의 압도적 다수인 81.1%가 자신의 이념 성향을 진보라고 평한다.

'그들'의 진보성은 신자유주의의 광풍 속에서 움트고, 신자유주의 정책 하에서 벼려진 것이다. 더불어 양극화에 가위 눌려 내지르는 비명 이자, 단단한 기득권의 벽에 가로막혀 토해 내는 한숨이다. '그들'은 신 자유주의 시대가 불러온 생활 진보이다.

[•] 정한울, 「안티 한나라당 세대, 30대의 정치행태 분석」, 『EAI OPINION Review No. 201105-02』, 동 아시아연구원, 2011년 5월

서태지와 노무현:

30대 정치의식의
정치문화적 배경

4

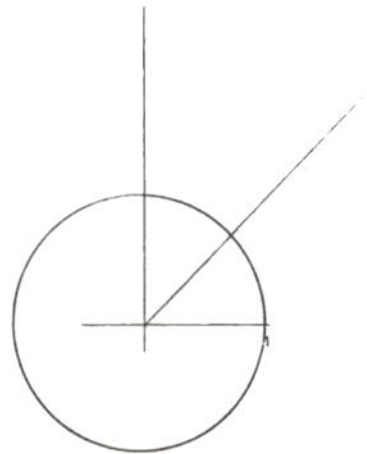

‘그들’은 ‘놀새’였다. 지금은 진보의 꼭짓점 역할을 하고 있지만 20대일 때는 ‘놀새’였다. ‘그들’의 관심사에서 정치는 뒷전이었고, ‘그들’의 발끝에서 정치는 멀리 떨어져 있었다. 1990년대에 치러진 각종 선거에서 ‘그들’이 적잖은 진보성을 내보였다고는 하지만 그건 ‘386세대’에 못 미치는 진보성이었다. 30대인 ‘386세대’의 진보성을 능가하지 못하는 후순위 진보성이었을 뿐만 아니라 20대인 ‘386세대’가 내보였던 진보성에 비견할 수 없는 적당한 수준의 진보성이었다.

FGI에서 쏟아졌던 선후배 세대의 혹평은 ‘그들’의 20대 때 모습에 기초한 것이었다. 정치보다는 스포츠와 연예에, 저항문화보다는 대중문화에, 절약보다는 소비에 기울었던 그때 ‘그들’의 잔상이 워낙 컸기에 ‘놀새’ 기질이 여전할 것이라고 미루어 짐작한 데서 나온 혹평이었다.

그래서 상전벽해란 말이 절로 나온다. ‘놀새’에서 진보의 꼭짓점으로 극적 변신을 이루었으니 상전벽해란 말처럼 제격인 표현이 어디 있겠는가.

무엇이었을까? '그들'의 극적 변신을 이끈 요인은 무엇이었을까? 물론 그 첫 번째 요인은 신자유주의 광풍이다. 무지막지한 시장에 내동댕이쳐 놓고 거들떠보지도 않았던 정치에 열 받고, 똑같은 30대인데도 자가와 셋방으로 갈리는 양극화 현실에 상처 받아 생활 진보의 감을 터득했다.

하지만 이것 하나로 '그들'의 진보성 추동 요인을 일반화할 수는 없다. 그렇게 하는 순간 당장 반문이 날아들 것이다. 먹고사는 문제가 진보성의 원천이라면 왜 다른 세대의 빈곤층은 보수성을 내보이느냐는, 아주 단순하면서도 날카로운 반문이 날아들 것이다. 먹고사는 문제가 중요하기는 하지만 그것이 전부일 수는 없다.

따라서 다른 요인을 함께 살펴야 한다. 그 가운데 하나가 정치적 요인이다. 정치의 어떤 요소가 '그들'의 진보성을 추동한 건지, 그 요소가 언제 어떻게 작동한 건지 살펴야 한다.

놀새

먼저 '그들'이 20대일 때 어떤 모습이었는지 찬찬히 돌이켜 보자. FGI에서 쏟아진 '그들'의 고백이 리얼하다.

김종배 여러분에게 대학교 다니던 시절은 어떤 시기였습니까?

한신정 취업 준비가 대부분이었어요. 가끔 데모를 하는 선배들이 있었지만 그 그룹과 정반대의 그룹도 있었어요. 정치에 관심이 없는 선배들은 '저기 꼭 쓸데없는 생각 하는 애들이 있다'고, '절대 물들지 말라'고 했어요. 그리고 그런 선배들의 세력이 더 컸어요. 저는 다수 쪽이 옳다고 생각했기 때문에 데모를 하는 선배들의 얘기에 관심을 안 가졌어요.

최서연 저도 접하지 못했어요.

도정훈 저희 과가 인문대학이어서였는지 운동이 좀 세긴 했습니다. 학회 같은 것도 많이 했죠. 하지만 그건 한 번 스쳐 지나가는 일들처럼 느껴졌어요. 제가 관심 있던 건 뭐 개인적인 문제, 여자라든지, 알바라든지, 용돈이 없다든지. 뭐 그런 개인적인 문제였죠. 어쩌면 여자가 가장 중요한 관심사였던 것 같아요.

장정수 제가 95학번인데요. 대학에 들어가서 운동권 선배들하고 친하게 지내서 몇 번 시위 현장에도 나갔는데 와 닿지가 않았어요. 노래도 무섭고, 피의 불벼락을 내린다는 게, '아니 지금 민주화 시대라고 하는데 왜 이러고 있어야 하지'라는 생각이 들었어요. 별로 호응도 없었고요. 그리고 그 선배들 모습이 공부도 못하고. 옷도 후줄근하게 입고 다니고, 맨날 술 먹고, 집에 안 들어가고, 폐인 같은 모습이 너무 싫은 거예요. 저만 느낀 게 아니었어요. 저의 동기들, 그리고 94, 96학번들에겐 '누가 괜찮지 않나? 엠티 어디 갈까? 뭐하고 놀까?' 그런 게 더 중요했던 것 같습니다.

박영숙 제가 1990년대 초반 학번인데, 동구권이 무너지면서 대학사회에서 그에 대한 논쟁이 활발해졌던 게 아니라 오히려 무기력해졌던 것 같아요. 제가 대학에 들어갔을 때는 『철학에세이』를 읽고서 정치경제 얘기를 하는 것들이 무기력해 보이더라고요. 정말 그렇게 정치사적으로 중요한 사건이 있었다면 왜 실패했는지 그게 정말 실패한 건지, 현실에서는 다른 방식으로 어떻게 바꿔 나갈 수 있는지, 그런 걸 얘기하는 게 아니라 자기들이 맹신했던 것들이 끝났다고 생각하고 다 손을 놔 버리는 거예요. 제가 대학에 들어가서 운동에 관한 멘토들을 못 만났던 거죠. 대학생활을 재미있게 하고 싶었고, 몰입해서 하고 싶었는데 실제로 그런 멘토들이 없었어요. 운동권에서 볼 때 저는 끌어와야 하는 애, 운동권이 아닌 사람들이 보기에 저는 운동권 애였죠. 제 스스로는 날라리라고 규정을 하면서, 대학을 흐지부지 보냈어요.

지석현 사실 술 먹기 바빴고요. 대학 들어오면서 배운 기타 연습하기 바빴고요. 학교 수업은 관심 없었고요. 정치, 사회, 경제, 문화 이런 데 별 관심이 없었어요. 아 문화는 음악을 들었어야 했으니까 좀 다르고, 경제는 술값을 챙겨야 하니까. 그 정도 수준이지 다른 건 크게 관심 없었어요.

추길영 저도 1990년대 초반 학번인데요. 학생운동이 사그라질 때 제가 대학교에 들어갔거든요. 놀거리들을 찾았죠. 할 게 없으니까. 저희가 되게 어정쩡했던 게 뭐냐면, 후배들한테 전달해 줄 게 없었어요. 신입생 때 선배들이 과거에 했던 학생운동에 대해서 많이 얘기를 해 주셨어요. 술 먹다가 운동권 노래도 부르고요. 저와 친구들은 '저걸 왜 불러야 하지'라는 생각을 했죠. 그때는 '서태지와 아이들'이 나올 때였거든요. 운동하는 선배들은 구석에 짱 박혀서 술 마시면서 지들끼리 운동하는 얘기하고 노래 부르고 놀고 했지만 저희들은 노는 게 더 좋았어요. 운동은 좀 아닌 것 같아서 놀았어요.

김영선 저는 96학번인데, 총학생회가 등록금 투쟁을 굉장히 많이 했어요. 그때 어린 생각에도 '저게 무슨 운동이야'라고 느꼈어요. 제가 그렇게 생각했던 게 굉장히 잘못 됐다는 걸 이제야 느끼는데 아무튼 그때는 '민주화 투쟁도 아니고, 반정권 시위도 아니고 무슨 등록금 가지고 저래?'라고 생각했죠. 심지어 단식투쟁 하다가 죽은 선배가 있어서 분위기가 굉장히 안 좋았음에도 불구하고, '저기다가 왜 목숨을 걸어?'라고 생각을 했어요. 굉장히 냉소적이었죠. 지금 생각해 보면 등록금이란 게 생계와 직결된 문제일 수도 있고, 굉장히 민감한 이슈임에도 그때는 그렇게 생각을 못했죠. '몇 만원 가지고 왜 저런 투쟁을 하는 거야? 목숨을 걸어야 되는 거야?' 이런 생각을 했죠. 정치 이슈, 사회 이슈는 딱히 없었고 등록금 투쟁에는 몰입이 안 됐고, 운동권 세력도 점점 없어지는 상황이었고, 굉장히 고요하게 별 문제 없이 대학생활이 흘렀던 것 같아요.

이두일 저는 96학번이거든요. 원래 94학번이어야 하는데 삼수를 했어요. 연세대 의대를 너무 가고 싶었는데 재수하면 갈 줄 알았어요. 그러다 보니까 삼수를 하게 되더라고요. 암튼. 친구들 만나러 연세대 앞으로 놀러갔어요. 그때 데모를 하는데 너무 신기해서 가방 들고 서서 구경을 했죠. 그러다가 전경 한 명하고 눈이 마주쳤는데 그 전경이 저한테 뛰어오는 거예요. 도망갔어요. 학생들을 따라서 연세대로 들어가려고 했는데 교문이 닫히는 거예요. 그래서 이화여대 쪽으로 뛰어가다가 세브란스병원 앞에서 잡혔죠. '너 일루 와, 저는 아니에요. 어디 학생이야. 아닌데요. 고등학생이야? 아닌데요. 너 뭐야?' 그래서 가방에서 '정석' 보여 주고, 학원 학생증 보여 주고. '너 여기 왜 왔어' 머리 때리고. '이 새끼들, 내가 대학 가면 반드시 데모하고 말 거야'라고 생각했죠. 그러다가 대학에 갔는데, 때마침 데모를 하더라고요. 등록금 데모를 하더라고요. 첫 번째 데모가 있던 날 사수대로 나갔죠. 데모를 왜 하는지는 몰랐어요. 등록금 투쟁 한다고 하는데, 정확하게 뭐하는지도 몰랐고, 그냥 데모한다는 그 자체에 포커스를 맞췄죠. 드디어 전경한테 잡혀도 '난 대학생이다'라고 말할 수 있다는 게 좋았죠. 굉장히 열심히 싸웠는데 학교에서 진짜 전투력이 있는 신입생이 들어왔다면서 선배들이 굉장히 관심을 가졌죠. 당시 운동권 분위기가 다 꺼져 가는 상황에서 굉장히 참신한 신입생이었던 셈이죠.

근데 축제 준비를 하다가 일이 발생했어요. 저는 삼수 끝에 대학에 들어갔으니까 나이가 많잖아요? 게다가 생짜로 아무것도 모르는 애도 아니었고요. 술자리에서 저의 의견을 얘기하는데 갑자기 나이가 동갑인 선배가 저와 논쟁을 벌이다가 술잔을 깨는 거예요. 그래서 제가 그 선배를 두들겨 팼어요. '다 위선자들이야' 하면서, '민주주의를 얘기하고 평등을 얘기하고 자유를 얘기하면서 너희가 어떻게, 군대도 안 갔다 온 것들이 군대식으로 선후배를 나누고, 선배한테는 나이가 어려도 선배라고 꼬박꼬박 존대를 해야 하고, 걔는 나한테 반말을 해도 되고, 이런 것들이 웃기지 않냐. 너희들이 얘기하는 것들이 다 위선이고 그런 위선들은 다 틀린 것이다'라고 열변을 토했죠. 그 후 운동권에 있던 사람들로부터 왕따를 당하기 시작했죠. 비운동권인 사람들과 친해지면서 30 대 30 미팅도 한 번 했고요. 군대 갔다 와서 보니까 이미 학생운동이 거의 끝났고, 몇몇 애들만 움직이는 상황이었어요. 너무나 당연한 귀결이었죠. 나 잘났다 식의 운동들이 많았고, 일하는 평등, 생활 속에서 만들어 내는 그런 것들이 없었던 것 같아요.

익히 알고 있는 사실 그대로다. '그들'은 놀았다. 시대를 고민하지 않고 대중문화를 탐닉했다. 단지 FGI에 참여한 일부 극소수 '그들'만의 얘기가 아니다. '그들' 전체의 이야기다.

'그들'이 20대였을 때 정치에 관심이 없었음을 입증하는 자료는 많다. 성균관대학교 전대원 씨의 석사학위 논문[•]도 그런 자료 가운데 하나다. 전대원 씨가 11월 1일부터 26일까지 제주도를 제외한 전국 52개 대학의 학생 1308명을 대상으로 실시한 설문조사 결과와, 1990년에 강원대학교 논문집『사회과학연구 제30편』에 실린 한충효 외 2명의 「한국 대학생의 정치·사회의식에 관한 연구」에 나온 자료를 비교·분석한 결과를 보면 1990년 6월 당시의 대학생과 1999년 11월 당시의 대학생 간의 정치의식 차가 극명하다.

1990년까지만 해도 주 관심분야 1·2위를 기록했던 정치와 사회는 1999년에 와서 뒤로 밀리고 그 자리에 스포츠·레저·연예와 교양·문화·생활이 들어선다.

정치에 대한 관심도는 학번이 낮아질수록 더 떨어지는 것으로 나온다. 1990년대 학번을 대상으로 국무총리가 누구인지 아느냐고 물은

● 　전대원, 「한국 대학생의 정치의식에 관한 연구: 90년대 대학생의 정치의식 변화를 중심으로」, 성균관대학교 교육대학원, 2000년 2월

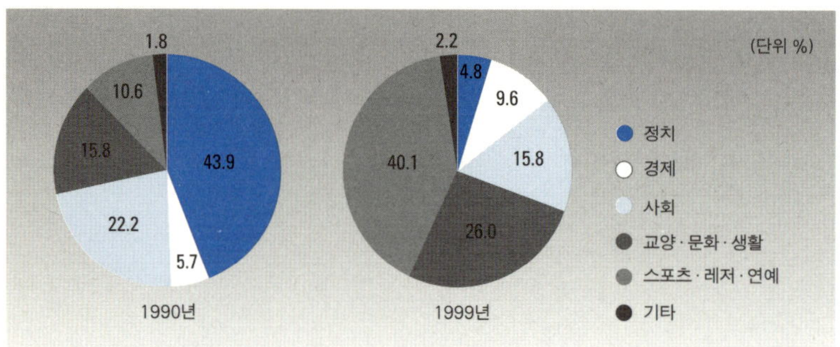

신문(매스미디어) 이용시 주된 관심 분야

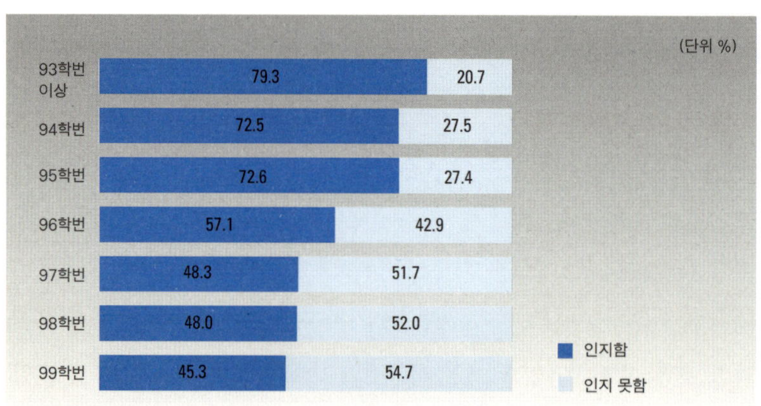

국무총리 인지도

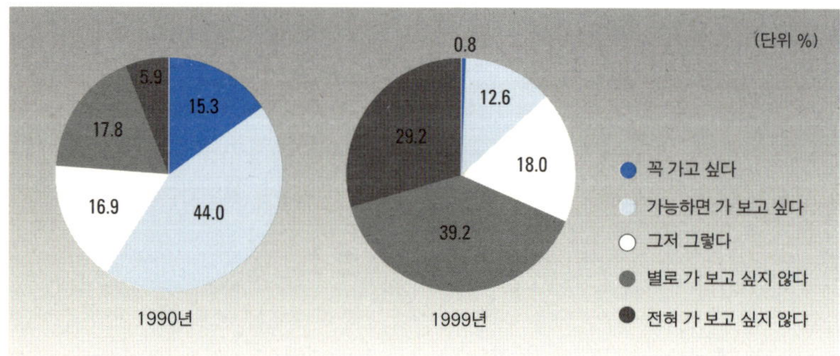

선거 유세·정당 집회 참여 의향

결과를 보면 학번이 내려갈수록 인지 정도가 크게 떨어지는 것으로 나온다. 93학번 이상은 79.3%가 국무총리가 누구인지 알고 있지만 99학번에 오면 그 비율이 45.3%로 뚝 떨어진다. 거의 반토막이 나 버린다.

정치 관심도만이 아니다. 정치 참여도 역시 크게 다르다. 1990년에만 해도 선거 유세나 정당 집회에 참여할 의향이 있는 대학생이 59.3%에 달했지만 1999년에는 그 비율이 13.4%로 뚝 떨어진다.

정치에 눈 뜨다

이처럼 참여하기보다 놀기 바빴고, 정치보다 문화를 탐닉했던 '그들'이 지금에 와선 진보의 견인차 역할을 한다. 2002년 대선에서 '386세대'와 진보의 첨병 자리를 놓고 각축을 벌인 이후 10년 동안 진보의 꼭짓점 자리를 내놓지 않고 있다. 도대체 '그들'의 이전 10년과 이후 10년을 가른 요소는 무엇이었을까? 다시 FGI로 돌아가 '그들'의 전환점을 살펴보자.

김종배 자신의 정치의식을 형성하는 데, 가장 결정적인 영향을 미친 어떤 사건이나 계기가 있나요?

이두일 제가 중학교 1학년이던 1988년도에 OO대학교에 다니던 누나가 데모를 하다가 잡혔어요. 그래서 누나가 9시 뉴스에 나왔거든요. 이렇게 고개 숙이고. 그 일 때문에 집안이 난리가 났죠. 저는 옆에 있다가 '누나가 어떤 걸 잘못 됐다고 말하는 걸까. 누나는 어떤 잘못을 했고, 왜 누나는 저런가'라는 생각을 했죠. 그러다가 학교에서 반공 글짓기를 하게 됐는데, 북한과 우리가 통일이 된다고 하면 우리가 이렇게까지 싫어할까라고 글을 썼다가 벌을 섰죠. 그러고 나서 어머니가 학교에 와서 얘기하시고, 아버지가 다음 날 와서 저한테 말씀을 하셨어요. '남침은 옳지 않아.' 그때 그 일을 겪은 다음에 누나들이 갖고 있는 책들을 좀 봤어요. 그중에서 한 권이 전태일 열사에 관한 책이었고, 그게 다 바꿔 놨죠. 그때 제가 열네 살이었는데, 열다섯 살이었나? 암튼, 전태일은 저보다 나이가 얼마 많지 않은 사람이었죠. 저는 강남에서 학교를 나왔고, 집도 강남이었죠. 저에게 주어진 아주 자연스러운 것들, 저한테 당연했던 것들이 누군가한테는 삶에 꼭 필요한 것들이었구나라는 생각을 했죠. 전태일 열사가 노동권을 이야기하면서 불타서 죽잖아요. 그걸 보면서 두 가지 생각이 들었어요. 하나는 '아, 우리 사회가 저런 사람들에 의해서 만들어졌구나' 하는 생각이었고, 또 하나는 '나는 내가 원하는 뭔가를 위해서 몸에 불사를 용기가 있는가'를 반문하면서 '저 사람은 왜 어떤 믿음 때문에 그랬나' 하는 생각이었죠. 그걸 못 찾았어요. 그때는 못 찾다가 나중에 찾았죠.

김영선 저는 결정적이었던 게 노무현 서거였어요. 그때 이상하게 너무 슬펐어요. 노무현 전 대통령이 수사를 받으러 검찰로 가는 과정까지 생중계하면서 궁지에 몰아가서 사람을 죽일 수도 있구나. 이렇게 몰고 갈 수 있다는 것이 믿어지지 않고, 당황스럽고, 그러면서 정치에 보다 더 관심을 갖게 된 것 같아요.

추길영 △△중학교를 나왔는데, 바로 옆에 있던 △△대학교에서 학생운동이 심했어요. 한 번은 제가 데모 구경을 하고 있었어요. 근데 하얀 먼지가 넘어오고 사람들이 많이 맞더라고요. 먼지를 들이켜 봤어요. 그게 최루가스였어요. 혼이 쏙 빠진 채 사람 맞는 모습들을 보면서 왜 저렇게 살아야 되나 하는 생각을 했었어요. 왜 그렇게 힘들게, 어렵게, 저렇게 불행하게 살아야 하나라고 생각을 했었어요.

대학교에 들어온 후 봉사단체에서 약 10년 동안 아이들을 가르치면서 캄보디아같이 공산집권하이거나 못사는 나라들을 가 보곤 했는데, 지원을 받고 즐거워하는 아이들을 보면서 살아 있는 느낌을 많이 받았거든요. 아이들을 가르치면서 동료들하고 의견을 많이 나눴어요. 이 아이들을 지켜 줄 수 있는 사람들이 누구인가? 정치인은 아닌 것 같아요. 제가 볼 때는 정치는 아닌 것 같고 사람들 개개인의 마음인 것 같아요.

그리고 또 10년 동안 광고대행 사업을 하면서 윗사람들의 행사, VIP 행사들도 많이 하고, 사장단 행사라든가 뭐 여러 고위층 행사들도 하는데, 내가 어떻게 해야 될까 하는 망연자실함도 느꼈어요. 저는 그래서 그냥 예전에 내가 아이들을 봤을 때, 저 혼자 아이들을 지키기 위해서, 가족을 지키기 위해서 저 혼자 잘하면 된다는 생각을 자꾸 하게 되더라고요.

어머니는 박정희 대통령의 노예였어요. 항상 박정희 대통령을 생각하고 기도도 박정희 대통령한테 하고, 육영수 여사한테도 하고, 전 그 모습이 되게 싫었거든요. 어머니가 천주교 신자인데 하나님한테 기도 안 하고 신도 아닌 사람들한테 기도를 해서 나라를 맡기는 게 너무 싫었거든요. 그렇게 되게 혼란이 왔어요. 누군가 저에게 이것이 정치이며 왜 나라가 이렇게 가야 되는지, 이런 기본을 알려 줬던 사람은 없었던 것 같아요. 제가 주로 같이했던 선배나 동료나 후배들은 다 봉사활동을 하면서 만났던 사람들이라 정치에 크게 관련하지 않았어요. 아마도 흐리멍덩한 정치관을 가지고 있는 게 그런 경험 때문이지 않나 싶어요. 다만, 저는 그때가 가장 좋았던 것 같아요. 제가 봉사활동을 하면서 아이들을 지켜 줬을 때, 그 아이들이 행복감을 느낄 때, 그게 오히려 정치를 넘어서는 게 아닌가 생각도 해 봤고요.

지석현 일곱 살, 여덟 살 때였던가? 저녁에 아버지가 9시 뉴스를 보시고 저는 옆에서 장난치고 놀고 있었는데 뉴스에 경찰 아저씨들이 막 맞는 장면이 나오더라고요. 다음 뉴스에서는 양복 빼입은 아저씨들이 지들끼리 싸워요. 그래서 아버지께 여쭤 봤죠. '아버지, 저 사람들 왜 저래요.' 그랬더니 아버지께서 그랬어요. '뉴스라는 게 원래 이 세상의 특별한 소식들을 전해 주는 게 아니냐. 근데 우리가 사는 세상은 착한 사람들이 너무 많아서 그게 더 이상 특별한 소식이 아니다. 저 사람들처럼 정말 특별하게 싸우거나 놀리거나 해야 뉴스에 나오는 거다. 이 세상 사람들은 다 저렇지 않단다' 하셨어요. 아 그런가 보다 했죠.

그 후 대학 들어와서 보는 것도 늘고 듣는 것도 늘고 하다 보니까 생각이 혼란스러워지기 시작했죠. 아버지께서 어릴 때 주셨던 가르침이랑 지금 보는 게 다르니까. 그래서 대학 들어와서 아버지께 여쭤 봤죠. '아버지, 어릴 때 그런 말씀 하셨는데, 지금 제가 보니까 그런 게 좀 아닌 것 같습니다'라고 했더니 '원래 그래 인마'라고 하시더라고요. 그 이후로 생각이 굳어져 버렸죠. 아, 아버지께서 말씀하셨던 그 특별하다던, 그 당시에 특별하다고 얘기하셨던 그 사람들이 정치하는 사람들이더라구요. 우리나라 정치인들은 국민과 국가를 위해 봉사할 생각이 전혀 없다는 거 그게 결론으로 남은 거죠.

박영숙 어릴 때 경북 구미에서 자랐거든요. 박정희 대통령 생가에 갔었어요. 기억이 나는 그때 장면이 초가집에 정말 구름처럼 많은 사람들이 하얀 소복을 입고 엎드려 우는 장면이에요. 저도 울었어요. 한 나라의 대통령이 돌아가셔서 이렇게 많은 사람들이 슬퍼하는구나. 존경할 만한 사람인가 보다 했죠. 이런 성장과정을 겪다가 초등학교 4학년 때인가 5학년 때인가 광주 비디오를 봤어요. 성당 뒤쪽 쪽방에서 그걸 봤어요. 이해가 안 갔죠. 군인들이 사람들을 때리는 걸 이해할 수 없었죠.

중학교에 올라갔는데, 제가 다녔던 중학교가 상고하고 같이 있었어요. 중학교 애들 중에서 공부를 잘하는 애들은 인문계를 가고, 공부를 잘해도 집이 어려운 애들은 무조건 상고를 보내는 거예요. 이해가 안 되는 거예요. 그것도 저에겐 혼란이었죠. 저도 고등학교 진학을 하려고 상담을 하는데 담임 선생님이 저한테는 '넌 당연히 인문계를 가야지' 그랬는데, 제 친구한테는 상고를 가라고 했다고 하더라고요. 친구한테 어디를 갈 거냐고 물어봤더니 자기는 인문계를 가고 싶은데 선생님이 무조건 상고를 가라고 했다고 하더라고요. 결국 그 친구는 상고를 갔어요. 부의 문제 때문에 아이들의 희망이 꺾이기 시작한다는 것을 중학교 때부터 일찌감치 체험을 한 거죠.

그때 또 뭐가 있었냐면, 가사 시간에 샌드위치를 만들기로 해서 저는 빵을 사고 참치를 사고 마요네즈를 샀어요. 온갖 재료를 사는 게 부담이 없는 집이었죠. 하지만 저와 같은 조에 있던 애가 아무것도 안 해 온 거예요. 선생님이 그 애를 때렸어요. 준비를 안 해 왔다고. 나중에 보니 집이 어려워서 재료를 살 수 있는 형편이 아니었던 거예요. 그런 경험들이 축적이 된 것이 평등하지 않은 것, 경제적인 문제 때문에 어려움을 겪어야 하는 것에 대한 문제의식이었죠.

장정수 저희 집안 정치색이 독특한데요. 저희 할아버지는 친박입니다. 친박 이외는 모두 빨갱이라고 생각하는 분이죠. 저희 아버지는 친이입니다. 저희 고모하고 고모부는 운동권의 중심에 계셨던 분들이고요. 그니까 어렸을 땐 굉장히 혼란스러웠어요. 가족이 모두 모이는 명절에 정치 얘기가 나오면 분위기가 좀 안 좋아집니다. 그런 모습을 보면서 '정치라는 게 정말 위험하고 무서운 거구나, 가족까지도 나눌 수 있는 거구나'라고 생각했죠. 게다가 고모부가 감옥도 가고 고문도 받아서 일도 못하시고, 되게 가난했어요. '저런 일을 하는 분들은 되게 어렵구나'라는 생각도 했죠.

그렇게 20~30년을 살았던 것 같아요. 정치에 관심을 두기 않고요. 그랬다가 이명박이란 사람 때문에 정치를 다시 보게 됐어요. 사실 이명박을 굉장히 지지했거든요. 그분, 그 당시엔 그분이라고 불렀는데, 지금은 그 사람이라고 부르는데, 책도 다 읽어 보고요. 그 사람의 흔적들도 나름 다 조사해 보고요. 항상 이명박을 대변했죠. 'MB연대'에도 가입을 하고요. 당시 저는 정치색이 강한 사람들이 무섭더라고요. 그런데 이명박이 자기는 정치색이 중도라고 하니까. '아 이 사람이야말로 내가 찾던 사람이구나'라고 생각을 했는데, 그게 착각이었어요. 이전의 흔적들이 다 거짓

말이고, 자기 했던 말들도 기억을 못하고, 그다음에 다 자기를 위한, 자기 사람들을 위한, 대통령이 아닌 개인만도 못한 일을 하더라고요. 그걸 보면서 느꼈던 게, 아 정치라는 게 내 삶과 무관하지 않은 거구나. 굉장히 스트레스를 주고, 실망을 주고, 분노를 주고 이런 것들을 많이 주더라고요. 그래서 변하게 되었죠.

도정훈 저는 아버지가 열한 살 때 돌아가셨는데요. 그래서 항상 불안해하면서 조심하고, 비겁하고 소심하게 현상 유지만 하자고 생각하며 살아 왔죠. 대학교 가서도 농활이나 철거촌 이런 데 가도 안 잡히는 곳, 위험하지 않은 곳만 갔죠. 제 생각에 운동은 있는 집 애들이 더 열심히 할 수 있는 것이었어요.

그렇게 살다가 2002년에 노무현이란 사람을 보게 됐죠. 노무현 연설 중에 가슴에 크게 와 닿는 게 있었는데 그 후 모든 중심을 노무현에게 맞췄죠. 그 사람이 이야기한 건 다 이유가 있다고 생각해서 위키피디아 그런 거에서 조사도 해 보고요. 노무현 때문에 정치가 보인 것이죠.

최서연 저는 그 전까지는 투표를 아예 안 할 정도로 정말로 정치에 무관심했어요. 주변에 정치에 대해서 얘기하는 사람도 없었고요. 제가 정치에 눈을 뜬 게 미국산 쇠고기 때문이었어요. 정말 놀랐어요. 그런 소를 수입한다는 자체가 깜짝 놀랄 일이었죠.

저희 세대가 그렇잖아요. 인터넷 세대예요. 그래서 대부분의 소통이 인터넷으로 이루어지거든요. 제가 자주 가는 포털에 미국산 쇠고기에 대한 이슈가 굉장히 많이 올라왔어요. 그 전까지는 정치적인 사이트가 아니었는데. 거기서 굉장히 많은 자료들을 접하게 된 거죠. 사람들이 차라리 말로 해 줬으면 그 정도까지는 생각하지 않고 의심을 했을 텐데 거기에서 직접 영화를 보고, 다큐를 보면서 사실을 많이 알게 된 거죠.

그때부터 매체에서 나오는 정보를 굉장히 많이 보게 됐는데 노무현 대통령 서거 같은 일에 대해서 굉장히 많은 관심을 갖게 됐죠. 과연 내가 뭘 믿어야 되나 하는 생각도 들었고요. 사실 민주당을 믿을 수 없었어요. 진보정당도 그때 문제가 많았고, 그런 걸 접하면서 정말로 내가 믿고 따라야 하는 건 누굴까, 정말로 내가 어떤 의식을 가져야 되는가, 뭐가 옳고 뭐가 거짓말인지를 찾기 위해서 굉장히 많은 것들을 보게 되었습니다. 그래서 그때 딱 각성해야겠다고 생각했습니다.

한신정 저는 다른 경험이 있었는데요. 초등학교 들어갈 때쯤 대학생들이 농활을 많이 왔어요. 대학생들이 낮에는 농사일을 도와주고, 밤 되면 동네 아이들을 불러 가지고 놀아 줘요. 그런데 대학생이 농활을 오면 항상 경찰 아저씨들이 오셨어요. 오셔 가지고 저희 집부터(저희가 대학생을 재워 주고 그랬으니까) 와 가지고는 무슨 일 있었는지 저희 엄마 아빠한테 물어보는 거예요. 그러고 나면 저희 엄마 아빠가 항상 이렇게 말해요. '너희는 그런 거 하면 안 된다. 그런 건 위험한 거다. 학생은 공부해야 된다.' 그런 것들을 항상 머릿속에 주입을 시켰어요. 저희 오빠는 머리가 좀 큰 상태에서 그런 걸 들었기 때문인지 대학교 가서 데모 쪽으로 빠졌지만, 저는 그 당시에 그게 위험한 거라는 무서운 마음이 들어 가지고, 그때부터 정치나 그런 것들을 차단을 시켰어요. 그랬기 때문에 서울에서 시위나 어떤 이슈가 있을 때 긴밀하게 접근하지 못했고 받아들이지 못했죠. 그런 것도 있었지만 더 큰 거는 IMF였어요. 취직해야 된다,

토익을 한 점이라도 높여야 된다, 이런 거에 관심을 가져야 하는 사회적 압박에 끌려다녔죠.

그랬던 저에게 가장 큰 영향을 준 것은 저희 신랑이에요. 결혼을 한 다음에 저에게 한마디 하더라고요. 아니 어떻게 이렇게까지 모를 수가 있느냐고 한마디를 하더라고요. 저는 변명을 막 했어요. 나는 지금까지 나름 열심히 살아왔고, 남에게 피해를 준 적도 없고, 열심히 직장 생활 하고, 가족들과도 잘 어울렸고, 친구들과도 원만하게 관계를 유지했고, 근데 내가 뭐가 잘못됐냐고 말했죠. 하지만 신랑은 정치는 생활인데 정치에 관심을 갖지 않았던 그게 가장 큰 문제라고 얘기를 하는 거예요. 그때 충격을 많이 받았어요. 신랑은 그 후 저에게 스파르타식으로 세뇌를 시켰어요. 예를 들어서 정치에 관련된 책들이나 뉴스를 보더라도 지금 얘기하는 것들이 100%가 다 표면이다라고 얘기하는 거예요. 저는 그전까지는 '9시 뉴스는 진실이다'라고 알고 있던 사람이에요. 그렇게 알았던 사람인데, 그걸 조목조목 짚어 주기 시작하는 거예요. 이건 잘못된 거고, 이건 뒤에 뭐가 있다. 그때부터 말 잘 듣는 학생이 돼 가지고 배우기 시작했어요. 그때부터 설명을 듣고 관련된 책들도 보게 되고, 언제부터인가 댓글이란 것들을 관심 있게 보게 됐어요. 어떤 사람들은 분석을 잘하시더라고요. 분석을 해서 단 리플을 보면서 아, 이게 진실일 수도 있겠구나 하는 생각을 어느 순간 하게 되었어요. 그때부터 저의 정치적인 색깔이 바뀌게 되었죠.

'그들'이 정치에 눈을 뜨게 된 계기는 다양하다. 어린 시절 운동권

누나의 영향으로 눈을 뜬 사람, 중학교 때 불합리한 교육으로 눈을 뜬 사람이 있는가 하면 '노무현'으로 인해 눈을 뜬 사람도 있고, 미국산 쇠고기와 이명박 대통령의 경제 실정 때문에 관심을 갖게 된 사람도 있다. 모두가 대학 시절과는 상관없는 시기에 정치적 계기를 접했다는 공통점은 있지만 그 내용은 이처럼 각양각색이다.

참으로 대조적이다. '그들'과는 달리 '386세대'는 대다수가 똑같은 하나의 사건을 통해 정치에 눈을 떴다. 바로 '광주'다. '386세대'의 얘기를 들어 보자.

김종배 자신의 정치·사회의식을 정립하는 데 가장 결정적인 영향을 미친 게 뭐라고 생각합니까?

서의균 저는 '5·18'. 고등학교 때 처음 접했는데, 왜 사람들이 죽어야 되나라는 생각을 했죠.

하지은 저도 '5·18'이 컸던 것 같아요.

남헌표 제가 '5·18'이 일어났던 그해 중학교 2학년이었고, 광주에서 중학교를 다니고 있었어요. 광주에 있던 청소년들은 그런 얘기를 쭉 하면서 성장을 해 왔어요.

구범모 저는 학생 때부터 정치에 대해 냉소적이고 무감각했습니다. 시위는 학생회 친구들 따라서 몇 번 한 것 이외에는 적극적으로 나서서 한 적이 없어요. 그럴 정도로 무딘 편이었고, 제 개인생활을 더 중요시했죠. 학교를 졸업하고 군대를 갔다 오고 나서 광고업계에서 일을 했는데, 선거 때 정치 광고를 하면서 후보에 대해서 많이 파악을 했거든요. 그런데 후보 중에는 범죄자도 많고, '아 이 사람 나보다 훨씬 못한데' 그런 생각도 들고, 그 일을 계기로 관심을 가졌죠.

박미숙 대학에 들어가서 처음 배운 게 5·18 광주항쟁의 진상이었어요. 그때는 학회라고 해서 선배들이 강제적으로 공부를 시키잖아요. 거기서 자신들의 권력을 유지하기 위해서 민중들을 핍박하는 거를 깨닫게 됐죠. 그리고 가장 결정적이었던 게 1987년도 6월항쟁이었는데, 그 전에 서울대생 박종철 씨가 죽고, 그다음에 이한열이 제 후배였는데 최루탄으로 죽었어요. 그 부채의식이라고 할까, 그 미안함. 선배로서 지켜 주지 못하고 죽게 만든 것. 그니까 그게 나를 밀었던 것 같아요.

이재일 제가 광주 비디오를 고3 때 봤어요. 저는 집이 안동이에요. 신부님이 보여 주셨어요. 그리고 대학교 2학년 때 포항에 아르바이트를 하러 갔는데 그때 데모를 하는 걸 처음 봤어요. 노동자들이 데모를 하는 거를. 직장 생활 하면서 파업도 많이 하니까 봉급이 팍 오르더라고요. 정치도 그렇고 사회도 그렇고, 일단 제일 피부에 와 닿는 게, 노동자 데모 이런 것들이 가장 빨리 와 닿았던 것 같아요. 저는 서울에 연고가 없는 상태에서 왔기 때문에 먹고사는 게 중요했거든요. 저도 학교를 다닐 때 데모를 하는 걸 봤지만 제가 봤을 때 현실성이 떨어졌어요. 군중심리 때문에 동의를 안 할 수는 없는 건데 현실적으로 와 닿지는 않았어요.

'그들'과 '386세대'는 이처럼 다르다. 정치적으로 눈을 뜬 계기가 판이하다. '386세대' 대다수는 대학 입학을 전후로 해서 '광주'라는 동일 사건을 계기로 정치에 눈을 뜬 반면 '그들'은 대학 졸업 후 각기 다른 사건을 계기로 정치에 눈을 떴다.

하지만 이건 현상 차원의 비교다. '그들'이 정치에 눈을 뜬 계기가 각양각색이기는 하지만 거기에도 공통점이 있다. 대부분 사회에 거대한 파장을 일으켰던 사건이며, 나아가 정치적으로 성과를 만들었던 사건이라는 점이다. 노무현 바람은 대선 승리로 이어졌고, 노무현 서거는 500만 명의 조문객 행렬을 연출했고, 미국산 쇠고기는 거대한 촛불시위를 불러왔으며, 이명박의 경제 실정은 2010년 지방선거에서 여권의 참패를 불러왔다.

둘은 이처럼 대별된다. '386세대'가 정치적으로 눈을 뜬 것이 도덕 또는 당위에서 비롯되었다면 '그들'의 경우에는 생활이 기반이 된 개인적 관심에서 비롯된 것이다. '386세대'가 정치적 빙하기에 외롭고 힘들게 '선도투쟁'을 했다면 '그들'은 정치적 분출기에 함께 즐기며 '대중투쟁'을 했다.

학습

주목해야 한다. '그들'이 정치적 분출기에 대중투쟁을 하면서 정치에 눈을 뜨고 정치 참여를 본격화했다는 점에 시선을 집중해야 한다. 바로 이 점이 '그들'의 이전 10년과 이후 10년을 가르는 결정적 요인이기 때문이다.

정치 효능감이란 게 있다. 자신의 정치 참여가 정치와 정책을 바꿀

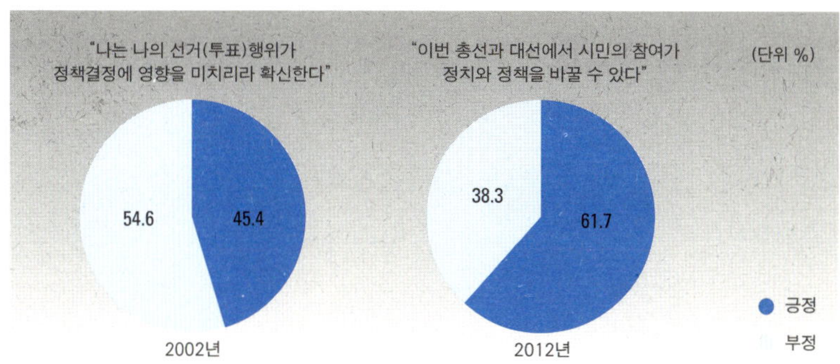

정치 효능감 추이

수 있다는 자신감이다. 이 정치 효능감 수치가 '그들'의 이전 10년과 이후 10년으로 완전히 갈린다. 이전 10년은 정치 효능감이 낮았던 반면 이후 10년은 높다.

숙명여대 박제신 씨의 석사학위 논문「한국 대학생의 정치의식에 관한 연구」를 보면 20대일 때 '그들'의 정치 효능감은 낮았다. 박제신 씨가 2002년 9월 20일부터 30일까지 수도권 6개 대학의 학생 317명을 대상으로 설문조사를 실시한 결과에 따르면 '나는 나의 선거(투표)행위가 정책결정에 영향을 미치리라 확신한다'라는 항목에 긍정한 경우가 45.4%로 절반에도 미치지 못한다. 그런데 한겨레사회정책연구소와 보건사회연구원이 2012년 총선을 앞두고 실시한 여론조사에선 그 수치가 60%대로 올라간다. '이번 총선과 대선에서 시민의 참여가 정치와 정책을 바꿀 수 있다고 보는가'라는 항목에 '그렇다'라고 응답한 비율이 61.7%에 달한다.

정치에 참여해서 가시적 성과를 끌어내면 정치 효능감이 커지고,

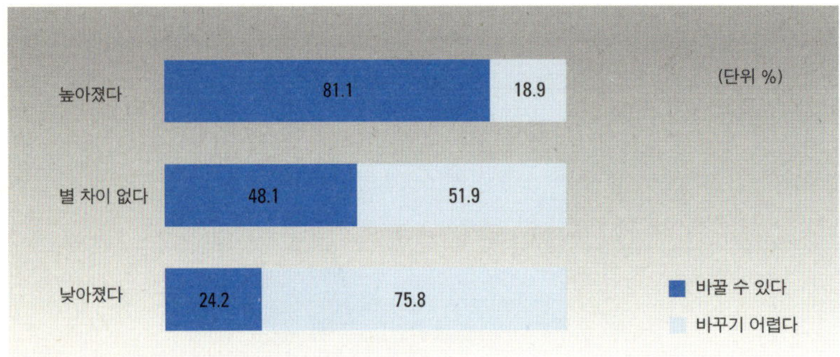

정치 관심도와 정치 효능감 간의 상관관계

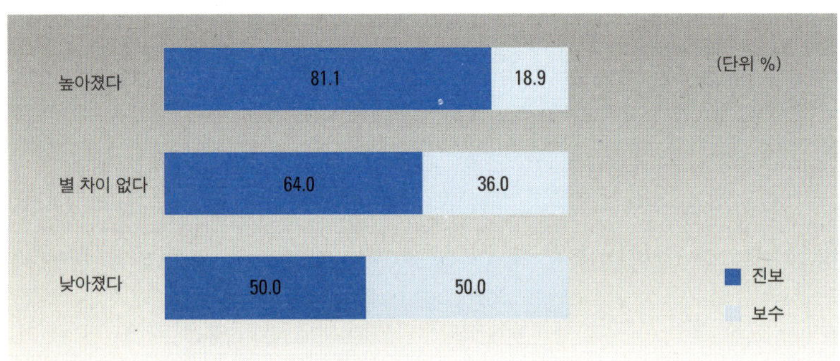

정치 관심도와 이념성향 간의 상관관계

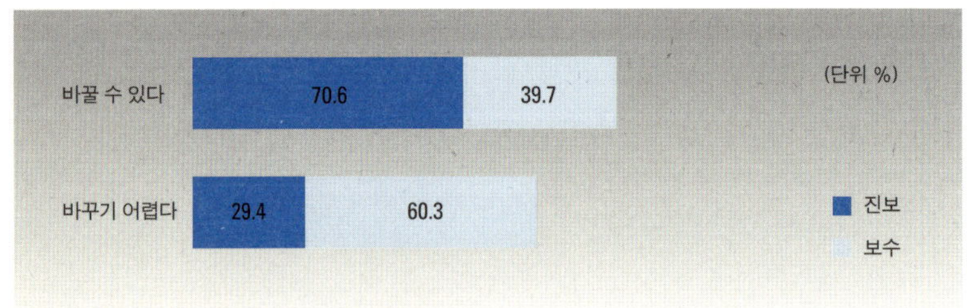

정치 효능감과 이념성향 간의 상관관계

정치 효능감이 커지면 다시 정치 참여가 활발해진다. 또 정치 참여가 활발해지면 보고 듣는 게 많아져서 정치의식까지 함양된다. '그들'은 2002년을 기점으로 이런 선순환 구조에 들어섰고, 그 결과 진보성을 강화했다.

물론 정치 효능감이 진보성을 직접 추동하는 건 아니다. 정치 효능감은 정치 참여의 태도일 뿐이기에 정치·이념 성향과 직접적인 관련이 있는 건 아니다. 그럼에도 불구하고 '그들'의 이전 10년과 이후 10년을 가르는 주요 키워드로 정치 효능감을 꼽는 데는 그럴 만한 이유가 있다.

한겨레사회정책연구소와 보건사회연구원의 조사 결과를 보면 정치 효능감과 정치 관심도는 상당히 긴밀하게 연관되어 있다. 정치 효능감이 높을수록 정치 관심도도 높은, 정비례 관계를 보인다. 여기까지는 정치학 개론을 거듭 확인하는 차원으로 해석할 수 있다. 자신감이 높아지면 적극성이 높아지는 것처럼 정치 효능감이 높으니까 정치 관심도도 덩달아 높아지는 것으로 해석할 수 있다. 하지만 그다음부터는 아니다. 앞서 살펴본 것처럼 정치 관심도가 높아진 사람의 81.1%가 진보 성향을 보인다. 여기에 정치 효능감이 높을수록 이념 성향이 진보로 기울었음을 입증하는 수치도 있다. '시민의 참여가 정치와 정책을 바꿀 수 있다'고 생각하는 사람의 이념 성향을 보면 진보가 70.6%인 데 비해 보수는 39.7%이다.

수치를 통해서 거듭 확인했듯이 2002년 9월까지만 해도 낮았던 '그들'의 정치 효능감이 10년 사이에 크게 올라간 주된 요인은 '그들'의 정치 참여를 이끈 사건들이 사회에 큰 파장을 불러일으킨 것들이라는 점에 있다. '그들'이 시민의 거대한 움직임을 보고 자신감을 얻었고, 그 거대한 참여의 물결이 대부분 진보적 가치 위에서 형성되었다는 점이 맞물리면서 그들의 진보성이 선순환 구조에 들어선 것이다.

하지만 그런 계기적 사건들에도 층위가 있다. 촉발제가 된 사건이 있는가 하면 강화제가 된 사건도 있다.

그런 점에서 따로 떼어 내 세심히 살펴볼 사건이 있다. 바로 '노무현을 사랑하는 사람들의 모임', '노사모'의 탄생이다. 선거사상 최초로 세대 대결을 이끈 '노사모', 유권자의 정치 참여에 새 장을 연 '노사모', 이 '노사모'가 '그들'에게 끼친 영향이 크다. 결론부터 말하면 '노사모'는 '그들'에게 정치적 각막을 선사한 특별한 계기였다.

오해의 소지가 있을 수 있다. '노사모'가 '그들'의 정치 참여에 큰 영향을 미쳤다는 것이 '노사모'가 곧 '그들'의 작품이라는 의미는 아니다. 그런 주장은 현실을 왜곡하는 것이다. 2002년 당시 '노사모'의 주축은 '386세대'였다. 강원택 서울대 교수가 2002년 5월 20일 기준으로 '노사모'의 회원 구성내역을 조사한 결과[*]를 보면 '386세대'의 비율이 48.3%로 거의 절반에 달한 반면 '그들'은 28.4%에 불과한 것으로 나온다. '노사모'는 '386세대'의 작품이었고, '그들'은 '노사모'에서 단지 변방 회원에 불과했다.

그럼에도 불구하고 '노사모'를 '그들'에게 정치적 각막을 선사한 계기로 평가하는 이유가 있다. '노사모'의 활약상이 '그들'을 진보의 꼭짓

● 강원택, 「세대, 이념과 노무현 현상」, 『계간 사상』, 2002년 가을호

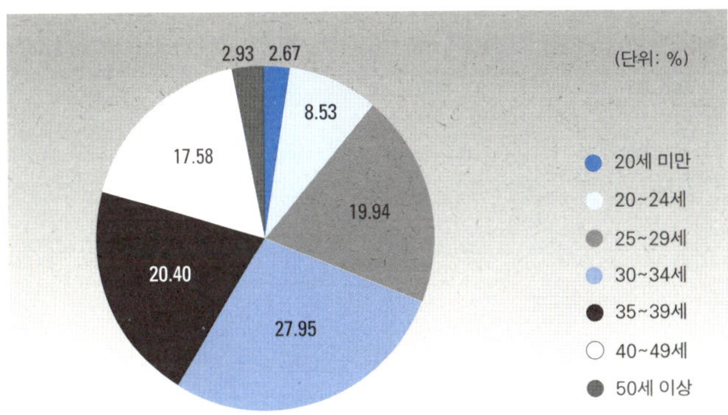

2002년 5월 기준 노사모 연령별 구성

점으로 나서게 하는 데 촉발제 역할을 했기 때문이다. '그들'이 '노사모'를 정석으로 삼은 뒤 응용, 확장하기에 이르렀기 때문이다. 골격은 유지하되 살은 새롭게 붙이는, 이른바 계승과 혁신에 나섰기 때문이다.

'그들'은 '노사모' 이후 수많은 정치인 팬클럽을 결성했다. 문국현·정동영·유시민·이해찬·안희정·정봉주 등을 '사랑하는' 사람들이 자발적으로 팬클럽 카페를 개설하고 응원에 나섰다. 한데 단순한 모방이 아니었다. 정치인 팬클럽 카페라는 '노사모'의 기본틀은 유지하되 '그들'의 감각에 맞게 내용과 형식을 대거 바꾼 것이다.

그 단적인 예를 보자. 박창식《한겨레》논설위원과 정일권 광운대 교수가 2011년 2월에 공동 집필한 「정치적 소통의 새로운 전망」이라는 논문에 담겨 있는 '그들'의 활동상을 살펴보았다. 두 필자가 정치인 팬클럽 카페인 '대장부엉이(이해찬)', '시미니즘(유시민)', '아나요(안희정)'를 분석한 결과, 거기서 공유되는 컨텐츠가 '노사모'와는 확연히 달랐다. '노사모'의 컨텐츠가 내용상으로는 주장과 의견, 정보가 대부분을 차지하고, 형식상으로는 글 위주였던 데 반해 이 세 팬클럽의 컨텐츠는 '신조어 만들기'나 '외부 비판에 풍자로 맞서기'와 같이 놀이의 성격이 짙은 내용에 동영상과 만화, 합성사진 등의 시각물이 많았다.

'노사모' 회원 출신으로 '아나요'의 카페지기를 하고 있는 '벨라짱'이 두 필자와의 전화 인터뷰에서 밝힌 내용은 좀 더 구체적이다.

> 기존 회원들은 40대가 주축에다 50대 일부, 30대 일부인데요. 아무래도 컴퓨터에 익숙하지 않고, 저만 해도 카페지기이지만 컴맹에 가까워서 전체 회원 일괄 메일도 잘 못 보내던 편이었거든요. 그래서 카페는 주로 모임 공지를 하거나, 모임 뒤에 사진 찍은 것을 올리는 정도였고, 온라인은 그다지 활발하지 않았고 오프라인이 중심이었지요. 그런데 (노무현 대통령) 서거 이후에 새 회원들이 들어오면서 갑자기 온라인이 달라지는 거예요. 글 한 건에 댓글을 100개씩 달면서 댓글 놀이를 벌이질 않나, 한 줄 메모장이라고, 저는 생전 가 보지도 않던 곳인데 그곳에다가 출근부라고 해서 매일 들어왔다는 인사를 남기질 않나, 저는 (카페지기이지만) 메모장보다는 자유게시판 위주로 이용했거든요.●

● 박창식, 정일권, 「정치적 소통의 새로운 전망」, 『한국언론학회보 55권 1호』, 2011년 2월, 227쪽

팬덤·놀이·게임

'그들'은 이렇게 놀고 있다. 20대일 때는 정치와 담쌓고 다른 동네에서 놀았지만 지금은 정치 영역 안에서 놀고 있다. '386세대' 중심의 '노사모' 활동상이 운동 차원이었다면 '그들' 중심의 정치인 팬클럽 카페 활동상은 놀이 차원이다.

약간의 왜곡이 발생할 수도 있다. 위의 논문은 '그들'만이 아니라 20·30대를 아우른 것이다. 20·30대 중에서도 여성에 초점을 맞춰 분석했다. 따라서 이 논문의 내용을 '그들'을 설명하는 직접적 근거로 삼기는 힘들지도 모른다.

그래서 하나 덧붙인다. '그들'의 정치 참여 방식이 놀이에 가깝다는 점을 입증할 다른 사례다. 2008년 촛불시위 때의 서울 광화문 풍경이다. 당시 시위 참가자들은 엄숙하지도, 비장하지도, 숙연하지도 않았다. 어떤 사람은 아이를 무등 태우고, 어떤 사람은 유모차를 끌고, 어떤 사람은 연인과 팔짱을 끼고 나와 즐겼다. 시위 지도부의 일사불란한 현장 진행을 거부하고 끼리끼리 얘기하고 노래 부르고 행진을 했다. '386세대' 식의 시위와는 양상이 전혀 달랐던 이 촛불시위를 이끈 주체 가운데 하나가 바로 '안티 이명박'이란 카페였는데, 이 카페 구성원의 50%가 30대였다.●

'그들'의 정치 참여 방식은 자신들이 '사랑하는' 사람 곁에서 놀이

● 《한겨레》, 「촛불집회 주도 인터넷 모임들 '색' 다른 '함께'」, 2008년 5월 13일자

를 하는 것으로 끝나지 않는다. 자기들끼리는 흥겹게 놀지만 전쟁터 같은 기성 정치판으로 들어가면 가차 없이 싸운다. '사랑하는' 사람을 밀어 올리기 위해, 판세를 바꾸기 위해 손에 손 잡고 게임을 벌인다. 그 예를 보자. 2011년 서울시장 보궐선거 후보 단일화 과정에서 있었던 일이다. 2011년 10월 3일, 야권 후보를 단일화하기 위해 현장투표가 진행되던 서울 장충체육관의 모습이다.

야권 단일후보 경선이 열린 서울 장충체육관 앞에는 3일 오전 10시부터 '민주당 버스'가 줄을 잇기 시작했다. 20여 대의 버스에서 내린 사람들은 50대 이상의 중·장년층이 많았다. 민주당 박영선 의원은 손학규 대표, 박지원 전 원내대표, 김부겸 의원 등과 체육관 입구에 서서 지지자들과 악수를 나눴다.

'시민후보' 박원순 변호사 측 관계자들은 "예상은 했지만 엄청난 물량공세다. 이러다간 질 것 같다"고 위기감을 드러냈다. 이런 박 변호사 측의 위기감은 트위터 등의 SNS를 타고 전파되기 시작했다. 트위터엔 "민주당의 동원이 만만치 않습니다", "현재 경선장 분위기가 8(박영선) 대 2(박원순)로 불리합니다. 서둘러 투표에 참여해 주세요" 등의 '사발통문'이 돌았다.

조국 서울대 법학전문대학원 교수는 직접 현장을 방문해 기자들에게 "야권 통합을 위해선 박 변호사가 되는 것이 좋겠다"고 지지 발언을 했다. 영화 「도가니」의 원작자인 공지영 작가는 투표소 출입구 옆에서 팬 사인회를 열었다. 이들은 투표에 참가한 뒤 '인증샷'을 트위터에 올리면서 젊은 층의 투표를 독려했다.

그러자 오후 2시부터 분위기가 확 바뀌기 시작했다. 오전 11시까지만 해도 5000명 정도이던 투표자 수는 오후 2시에 1만 명을 넘어섰다. 오후 5시엔 1만 5000명(50%)에 달했다. 민주당과 박 변호사 측이 예상했던 이날의 전체 투표자 수는 1만 2000명이었다. 오후엔 지하철 3호선 동대입구역에서 나와 장충체육관으로 향하는 30대와 20대 젊은 층이 눈에 띄게 늘어났다. 체육관 주변에선 "이번 경선은 민주당 '버스'를 타고 온 당원들과 '지하철'을 이용한 SNS부대의 대결"이란 말도 돌았다. 대학생 김진만(21·영등포동)씨는 "젊은 층의 투표가 저조한 것 같다는 조국 교수의 글을 읽고 왔는데 막상 와 보니 또래가 너무 많아 놀랐다"고 말했다.

(중략)

오후 2시 이후의 '투표율 급상승' 현상은 2002년 대통령 선거 때와도 유사했다. 당시 노무현 후보는 오후 2시 이후 투표율이 급상승하면서 한나라당 이회창 후보를 눌렀다. 일종의 '노무현 데자뷰(기시감)'인 셈이다. 야당 지지층은 2002년 대선 이후 지난해 6·2 지방자치단체장 선거와 올해 4·27 재·보궐 선거에서도 SNS를 통해 투표를 독려하면서 오후 2시 이후 투표장으로 몰려가 판세를 뒤집어 내는 패턴을 반복해 왔다.•

'그들'의 적극적 참여는 몇 달 뒤 치러진 민주통합당 대표 경선 과정에서도 어김없이 나타났다. '그들'을 중심으로 한 시민들이 경선 과정

• 《중앙일보》, 「'민주당 버스' 누른 박원순 SNS … 젊은 층 오후에 몰렸다」, 2011년 10월 4일자

에 적극 참여하여 판세를 좌지우지했다.

"민주당 국민참여 경선 선거인단에 많이 등록해서 개혁적이고 진보적인 지도부를 구성해 주세요. 그래야 저도 빨리 구출될 수 있습니다."

'정봉주와 미래권력들'(미권스)이라는 인터넷 카페 첫 페이지에는 큰 글씨로 정봉주 전 의원의 메시지가 떠 있다. 이 카페 회원이 무려 16만 5000명을 넘는다. '노무현을 사랑하는 사람들의 모임'(노사모)보다도 많다. 최근 정봉주 전 의원의 대법원 확정판결, 입감을 앞두고 회원이 급증했다. 카페에는 선거인단 참여방이 개설되어 있다. '봉도사와 민주주의 구출하기 프로젝트―민주통합당 국민참여 경선에서 미권스의 힘을!'이라는 제목의 알림도 공지되어 있다.

"참여했습니다. 주변에도 열심히 독려하고 있어요."

"신청 완료요. 일단 4인분."

"6형제 집안 27명 등록 완료."

이런 내용의 '등록 신고'가 28일 오후 4시 현재 1500건을 넘어섰다. (중략) 이처럼 미권스 회원, 나꼼수 청취자 등 '새로운 유권자'들이 민주통합당 시민 선거인단으로 급속히 유입되고 있다. 민주당 실무 당직자들은 선거인단 초반 등록자들의 상당수가 미권스 회원들인 것으로 추정했다. 27일 밤 9시까지 이틀 동안 선거인단 등록 건수가 3만 5000명을 넘어섰는데, 이런 추세라면 1월 7일 마감 때까지 선거인단 규모가 수십만 명으로 불어날 수도 있다.

시민 선거인단의 위력이 무서운 것은 이들 가운데 90% 이상이 투표

방식을 선택하면서 모바일 투표를 신청했기 때문이다. 모바일 투표는 2007년 대통합민주신당이 대선후보 경선을 하면서 사실상 최초로 도입했는데, 당시에도 투표율이 74.3%로 매우 높았다. 투표소 선거인단 투표율은 16.19%였다.

시민 선거인단 규모가 커지고 이들의 투표율이 올라갈수록 민주통합당의 새 지도부는 예측이 어려워진다. 한 고참 당직자는 "선거인단이 100만 명을 넘어서면 '대박'이 난 것으로 볼 수 있겠다"며 "이들이 모바일을 통해 투표에 참여하면 누가 대표가 되고 최고위원이 될지 전혀 예측할 수가 없다"고 말했다. (중략)

한편, 문재인을 사랑하는 사람들의 모임(문사모), 젠틀재인, 노무현재단 등 팬카페와 인터넷 홈페이지 게시판에도 선거인단 등록을 신고하는 글이 가끔 뜨고 있다. (후략)●

지금까지 살펴본 것처럼 '그들'의 정치 참여 방식은 독특하다. 정치 세력보다는 정치인을 우선시하고, 결의에 찬 운동보다는 흥겨운 놀이를 선호하고, 정치권이 짜 놓은 판 안에서 수동적으로 선택하기보다는 스스로 판을 짜려고 한다. 그런 점에서 '그들'의 정치 참여 방식은 팬덤·놀이·게임이라는 세 개의 키워드로 압축할 수 있다.

● 《한겨레》, 「미권스·나꼼수, 민주통합 경선 줄이어 가세」, 2011년 12월 29일자

1990년대 문화의 정치화

어딘지 유사하지 않은가? 팬덤·놀이·게임으로 상징되는 '그들'의 정치 참여 방식은 '그들'이 20대일 때 향유했던 문화와 유사하다.

'그들'의 정치는 1990년대에 서태지를 필두로 나타나기 시작한 팬덤 현상과 비슷하다. '오빠'에 감정을 이입하던 그 팬덤 현상 말이다(실제로 박창식 논설위원과 정일권 교수의 심층면접 결과를 보면 면접 대상자 14명 중 8명이 아이돌 팬클럽 출신이었다). '그들'의 정치는 연예인 팬클럽에서, 그리고 인터넷과 모바일에서 보여 준 놀이의 양상과도 비슷하다. 자기들만의 감성과 언어로 동질감을 나누고 확인하던 그 소통 양상 말이다. '그들'의 정치는 1990년대 후반부터 선풍적으로 인기를 끈 '스타크래프트'와 같은 온라인 게임이나 연예인 팬클럽 사이에서 벌어지던 경쟁과도 비슷하다. 좋아하는 캐릭터를 골라 무장하여 싸움을 시키거나 자신이 좋아하는 연예인을 대리하여 경쟁을 하던 그 게임의 방식 말이다. 게임 캐릭터를 따라 정해진 범위 내에서 점수 올리기만 하는 낡은 게임 방식이 아니라 자기가 고른 게임 캐릭터의 무장 정도를 정하고, 나아가 전략까지 짜는 새로운 게임 방식 말이다.

이 같은 발견은 타당한가. 다시 '그들'의 얘기를 들어 보자.

김종배 여러분은 유행에 민감했던 1세대 아닙니까? 게임 문화, 노래방 문화, 모바일 문화, 이런 트렌드에 가장 직접적으로 노출되고 가장 민감했던 1세대가 여러분 아닙니까? 그런 경험이 정치인에 대한 팬덤 현상으로 나타난 게 아닐까요?

추길영 한 가지 문화적인 예로 서태지가 있는데, 서태지가 나온 이후 HOT도 있고 젝스키스도 있고, 양대 산맥들이 있었어요. 그러면서 '-빠'가 형성됐어요. 서태지의 소녀 팬들, 그때 당시에 소녀 팬들을 욕을 많이 했어요. 저희가. 왜냐면 HOT 팬들은 서태지 팬들을 욕을 하고 서로 싸우기도 하고, 편 가르기를 하기 시작했고.

최서연 서태지 팬하고, HOT 팬하고는 같이 싸우지 않았어요. 서태지 팬들이 분화해서 젝스키스냐, HOT냐, 그렇게 싸웠죠.

추길영 아, 그러네요. 그런가 봐요.

이두일 핑클과 SES도 있었죠.

추길영 아, 그죠. 그러니까 30대 팬들은 요즘 들어 아이유나 그런 거지. 옛날에는 10대 소녀 팬들이 많았잖아요. 남자 팬들은 없어요. 소녀 팬들이 많았거든요. 그런 쏠림현상이 그때도 되게 심화됐던 것 같은데요.

김종배 그럼 1990년대 학번의 문화적 코드는 서태지입니까? 여러분에게 서태지는 어떤 존재입니까?

추길영 굉장히 활기찬 존재.

한신정 반항?

이두일 저항의 존재. 서태지가 나왔을 때 사람들 사이에서 돌았던 얘기가 있어요. 기존 가수들이 서태지 공연을 보고서 '너흰 안 된다' 그랬대요. 근데 떴잖아요. 그때 서태지를 싫어했던 가수라든지 방송계의 문화, 이런 것들이 고리타분했던 거죠. 서태지는 아예 새로운 것을 가지고 새로 판을 짠다, 그런 생각이었죠. 그래서 서태지는 굉장히 새로웠죠. 서태지가 「교실 이데아」를 갖고 나오니까 우리가 학교 다니면서 억압받은 것을 서태지가 노래로 만들어 주니까 너무 좋았던 거예요.

김종배 서태지가 분출 기제였던 셈이네요.

이두일 예. 그리고 춤도 그전의 춤은 다 재미가 없었는데, 서태지는 정말 박력 있는 춤을 췄어요. 수학여행이나 극기훈련에서 디스코타임 하면 애들이 재미없는, 진짜 디스코적인 춤을 췄는데 그다음에 갔더니 애들이 다 서태지 춤을 추는 거예요.

박영숙 저는 '특종 TV연예'에 나왔던 게 아직도 기억나요. 서태지를 신인들 무대에 세워 두고 기존 가수들이 평가하는데 하나같이 다 악평들이었거든요. 그런데 그다음 날 난리가 난 거예요. 사실 저는 그때 혼란이 있었어요. 저도 그때 TV를 보면서 '오, 뭔가 다른데?'라는 느낌은 들었는데 음악계를 좌지우지하는 사람들이 혹평을 하니까 혼란이 생기더라고요. 친구들이 서태지를 즐기는 걸 보면 몸은 흥겹고 그 친구들을 따라하고 싶은데 머리에서 잡아끄는 게 있었어요. 아무튼 그때 서태지가 뜬 건 저항적인 것에 대한 가치라고 할까? 기존에 지켜 왔던 룰이 새로운 룰로 바뀌어 가는 시기였기 때문에 반응이 좋았던 것 같아요.

지석현 제가 생각했을 때 서태지는 우리 사회에서 어느 하나도 맞는 게 없었어요. 근데 이 다르다는 게 좀 뭔가 모자라게 다르거나, 아니면 기분 나쁘게 다른 게 아니라 되게 신기하게 다른 거예요. 다르게 말하면 되게 독립적이었다고 할까? 기존에도 없었고, 지금 우리가 즐기고 있는 것들과도 전혀 다른. 그러니까 처음에는 되게 혼란스럽죠. 모르던 거니까. 그런데 하루가 지나고 이틀이 지나고 듣다듣다 보니까 '이 부분이랑은 이렇게 다르구나, 저 부분이랑은 저렇게 다르구나'라고 조금씩 느낀 거죠. 이렇게 나가던 와중에 「교실 이데아」가 터지면서 우리 속에 알게 모르게 잠재된 것들이 사회적으로 막 분출된 거죠. 사실 서태지 1집이나 2집 같은 경우는 사회적으로 그다지 영향을 주지 않았어요. 3집 때 「교실 이데아」, 「발해를 꿈꾸며」같이 무슨 '지킬 박사와 하이드' 같은 곡들이 나오면서 이게 또 다른 메시지를 가지고 있는 듯하다는 생각을 하게 되고, 그러다 보니까 1집, 2집에도 그런 게 있지 않을까 하고 또 듣게 되고, 그런 식으로 돌아간 거죠.

김영선 서태지가 뭐가 특별했나 생각해 보니까, 그때 10대들만의 음악이 없었던 것 같아요. 그때가 신승훈, 이승환 이런 사람들이 나올 때였잖아요. 그리고 그 전에 소방차, 박남정이 있었고. 그런데 그게 딱 10대만의 가요가 아니라 전 세대가 웬만하면 향유하는 음악이었어요.

한신정 우리들의 음악이 생겼다는 느낌이 있었던 것 같아요. 그전까지는 뽕짝 이런 거 같이 따라 부르고 그랬거든요. 당시 아이들은 어른들에 속해 있는 존재들일 뿐이었는데, 서태지의 음악은 그 아이들에게 집중을 했어요. 그 아이들에게 맞게 가사를 짓고, 음악을 만들었죠. 10대인 내가 주인공이 될 수 있는 그런 걸 만들어 준 게 서태지 음악이 아니었나 싶어요. 그래서 그걸 통해서 자아를 발견하거나 한 사람들도 있었던 것 같아요.

'그들'의 이야기가 주로 서태지, 나아가 연예인으로 한정되어 있기는 하지만 단서로 삼기에는 큰 어려움이 없다. '그들'은 노무현에게서 서태지의 향기를 느꼈는지도 모르고, '노사모'에게서 스타크래프트의 흔적을 발견했는지도 모른다. 2002년 그때는 정치에서 너무 멀리 떨어져 있어서 '386세대'에게 주도권을 빼앗겼지만 노무현과 '노사모'를 통해 확인하고 학습한 끝에 '그들'만의 버전으로 새로운 서태지를 찾아나섰고, 그 새로운 서태지를 스타크래프트식 정치 게임의 주요 캐릭터로 설정했는지도 모른다.

이렇게 보고 나니까 참으로 아이러니하다. '그들'이 중핵이 되어 연출하고 있는 지금의 정치 참여 방식은 1990년대 자신들의 '놀새 문화'에서 유래한 것이다. 나만의 개성을 찾고, 대중문화에 탐닉하던 '그들'의 20대 때 문화가 지금의 정치 참여 방식을 낳은 것이다. 많은 사람이 그토록 비판했던 1990년대는 단절의 시기가 아니라 준비의 시기였던 것이다. 결과적으로는.

포스트 3김시대

'그들'만의 정치 참여 방식이 1990년대 문화에서 기인했다는 점이 규명되기는 했지만 아직 풀리지 않은 문제가 있다. 시기다. '그들'만의 정치 참여 방식이 왜 1990년대가 아니라 2002년 이후가 되어서야 나타났는가 하는 점이다.

물론 답은 간단할 수도 있다. '그들'만의 정치 참여 방식이 '노사모' 학습 효과라고 했으니까 2002년 이후에 그런 방식이 나타날 수밖에 없다고 하면 간단하다. 하지만 이 답은 만점짜리가 아니다. 그럼 왜 '노사모'는 2002년에야 나타났는가 하는 반복 질문에 봉착하기 때문이다.

이 질문은 결국 정치적 환경에 대한 물음이다. 유능한 소리꾼도 고수가 없으면 제 소리를 낼 수 없는 법, '그들'이 새로운 정치 참여 방식을 구현하기 위해서는 자신들의 고유한 특성을 맘껏 발산할 수 있는 정치적 환경이 조성되어야 했다.

정치 환경에 따라 유권자의 정치 참여 방식이 달라진다는 사실을 입증하는 사례가 있다. 역설적이게도 범보수 진영, 특히 새누리당의 경우가 아주 명징하게 증명한다. 범진보 진영에 속한 유권자들이 '그들' 중심으로 새로운 정치 참여를 시도하고 있을 때 범보수 진영에 속한 유권자들은 움직이지 않았다. 단 한 번, 2007년 대선 때를 제외하고는 기존의 수동적이고 맹목적 지지 행태에서 벗어나지 않았다.

그 이유는 범보수 진영의 질서에 있었다. 새누리당의 경우 김영삼 리더십이 쇠락한 후 바로 권위적인 리더십이 재건됐다. 이회창이란 인물이 새누리당의 당권을 한 손에 거머쥐면서 다른 사람의 도전을 허락하지 않았다. 김영삼에 버금가는 제왕적 리더십을 구축한 것이다. 이에 따라 보수 성향의 유권자는 새로운 인물을 찾을 필요가 없었고, 그 인물을 밀기 위해 조직적으로 나설 이유 또한 없었다. 하지만 2007년엔 달랐다. 이회창 리더십이 붕괴된 후 범보수 진영은 이명박과 박근혜라는 두 축을 중심으로 양분됐는데, 바로 이때 거의 유일하게 범진보 진영에서 보이는 것과 비슷한 양상의 유권자 참여가 나타났다. '명박사랑'과 '박사모'라는 두 팬클럽으로 갈려 세 대결을 벌이는 양상을 보였다.

새누리당의 경우에서 확인하는 것처럼 팬덤·놀이·게임으로 상징되는 '그들'의 독특한 정치 참여 방식을 가능케 하는 정치적 환경은 정치적 리더십의 약화, 정치 질서의 이완, 정치구조의 개방화다.

'노사모'가 2002년에야 등장한 이유도 이와 같은 정치 환경을 바탕으로 분석할 수 있다. 2002년 대선은 김대중·김영삼·김종필의 3자 구도로 이루어진 '3김 정치'의 종식을 고하는 선거였다. 1992년 대선에서 김영삼 후보가 당선되고, 1997년 대선에선 김대중 후보가 김종필 당시 자민련 총재와 손잡고 당선됨으로써 '3김 정치'는 자연사했다. 더불어 3김과 함께 수십 년 동안 경직되어 있던 정치 질서·문화·구조도 붕괴하기 시작했다.

3김 정치의 종식은 유권자 입장에선 의무적인 지지, 또는 관성적인 지지에서 탈피한다는 뜻이었다. 김대중·김영삼, 이른바 '양김'의 20년 민주화투쟁 역정에 대한 부채의식에서 해방된다는 뜻이었고(김종필은 민주화와는 아무 상관 없는, 아니 그 대척점에 서 있던 사람이므로 이 문제와 관련해선 양김이라고 표현하는 게 맞다), 3김에 의해 주도되던 지역논리에서 해방(엄밀히 말하면 해방이 아니라 약화다. 아직도 지역감정은 존재하지 않는가)된다는 뜻이었다.

의무와 관성에서 탈피한다는 것은 정치적 선택의 자율성을 높이고 정치적 상상력을 넓히는 쪽으로 귀결될 수밖에 없었다. 잘 살펴볼 필요가 있다. '노사모'는 '주변인' 노무현을 범진보 진영의 중심으로 진입시키기 위한 자발적 노력이었음과 동시에 대세론을 형성하고 있던 이인제에 대한 조직적 거부라는 성격을 띠고 있었다. 김대중 대통령과 수직관계를 이루고, 김대중 대통령의 측근 그룹에서 지지를 얻었던 이인제에 대한 비토라는 성격을 띠고 있었다. 김대중 대통령을 중심으로 한 기존 리더십과 정치질서가 온전히 유지되고 있었으면 나타날 수 없었던 게 '노사모'인 것이다.

'노사모'가 싹을 틔운 포스트 3김시대의 정치 참여 방식을 '그들'이 한편으론 계승하고 한편으론 혁신한 것 역시 정치 환경과 긴밀히 결부되어 있다. '그들'이 '노사모' 학습 효과를 본격적으로 응용하려고 할 때 노무현 대통령이 정치 개혁을 시도했다. 노무현 대통령이 평당원을 자처하며 당의 수직적, 권위적 장악을 포기하는 한편, 나아가 상향식 공천제와 같은 정당 민주화를 통해 유권자의 직접 참여 길을 넓혔다. 노무현 정부가 스스로 '참여정부'를 표방하고 유권자가 정치나 정책에 참여할 수 있는 통로를 활짝 열어놓았다. '그들'이 정치적으로 내달릴 수 있는 대로가 생긴 것이다.

노무현 이후는 더 말할 것도 없다. 범진보 진영은 노무현 대통령 이후 한참 동안 대안 부재에 시달렸다. 새로운 리더십이 구축되지 못했고, 정치 질서를 바로잡지도 못했다. 올망졸망한 정치인들이 도토리 키재기 식으로 경쟁을 했을 뿐이다. '그들'이 수많은 정치인 팬클럽 카페로 나뉘어 활동하는 것도 이런 환경에서 기인한 바가 크다. '그들'은 리더십 부재, 그리고 그로 인해 발생한 기존 정치 질서의 약화라는 환경 속에서 나름대로 대안을 찾기 위해 '그들' 고유의 정치 참여 방식을 강화하고 있다. 새 정치인을 찾아 올리기 위해 주위를 두리번거리고 진보다운 정당을 곧추 세우기 위해 머리를 감싼다. 한편으론 개방화된 정치 구조 속에서 활동의 폭을 넓히고 다른 한편으론 약화된 정치 리더십을 불만스러워한다.

　　FGI에서 나온 '그들'의 정당 평가에도 이런 중층의 의식이 짙게 깔려 있다. 직접 확인해 보자.

김종배　한나라당 하면 떠오르는 단어가 뭔가요? 명사여도 되고 동사여도 상관없습니다.

박영숙　못됐다, 꼴통.

지석현　그 질문 던지시자마자 개가 떠올랐습니다.

추길영　저는 돼지를 생각했습니다.

김영선　도둑.

이두일　저는 그게 떠올랐어요. 일장기에 보면 그거 있잖아요? 빨간색 착, 착, 착 하는 거. 그거 뭐라고 하죠? 욱일승천인가? 그거. 친일과 친미.

한신정　저는 완전 건전하게 극보수.

최서연　부패.

도정훈　탐욕.

장정수　거짓말.

김종배　알겠습니다. 그럼 민주당 하면 떠오르는 단어가 뭡니까?

이두일　조금 멍청하다.

김영선　어정쩡.

추길영　위선.

지석현　지나가는 동네 아저씨.

박영숙　한심하다.

장정수　무능력.

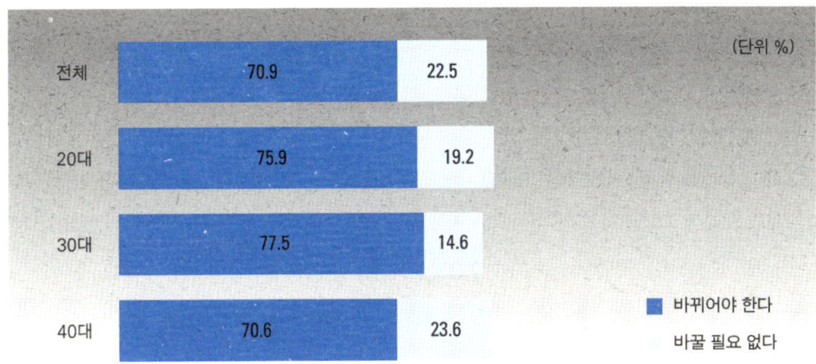

양당 체제 변화 필요성

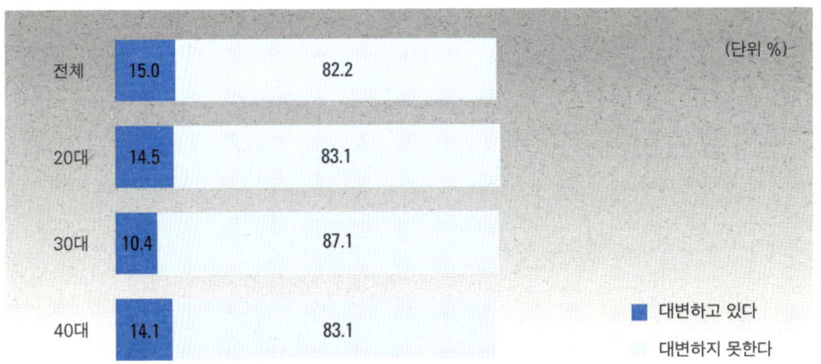

정당정치와 대의민주제의 국민 대변 정도

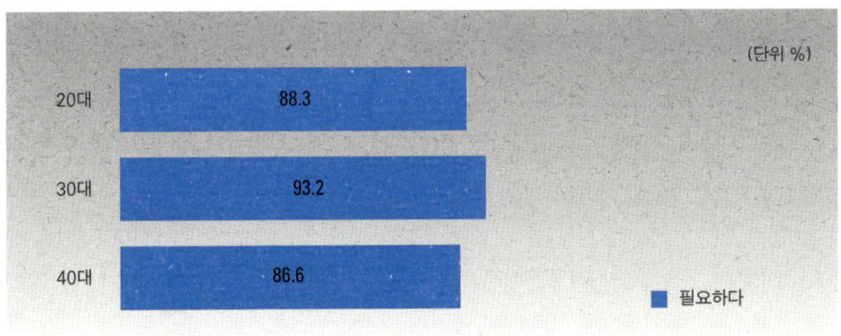

정치권 세대교체 필요성

도정훈 어중간.

최서연 병×.

한신정 저도 어중간.

새누리당에 대한 '그들'의 평가는 그렇다 쳐도 놓칠 수 없는 게 민주통합당에 대한 평가다. '그들' 대부분은 민주통합당을 신뢰하지 않는다. 민주통합당의 색깔과 능력 모두를 불신한다. '어정쩡' 또는 '어중간'이란 '그들'의 표현이 웅변한다.

FGI에서 나온 '그들'의 평가는 여론조사 결과에도 고스란히 녹아 있다. 《동아일보》가 2011년 11월 23일부터 25일까지 20~50대 1000명을 대상으로 실시한 여론조사 결과를 보면 '한나라당과 민주당으로 대변되는 현재의 양당 구조가 바뀌어야 한다'라는 항목에 '그들'이 '그렇다'고 응답한 비율은 77.5%로 가장 높다. 또 '우리나라의 정당정치와 대의민주주의가 국민의 뜻을 잘 대변하고 있다고 생각하는가'라는 항목에 대해 '대변하지 못한다'고 응답한 '그들'의 비율이 87.1%로 가장 높다.[*]

《한국일보》가 2011년 9월 17일에 전국의 성인 1000명을 대상으로 실시한 여론조사 결과도 있다. '정치권 세대교체가 필요한가'라는 항목에 '그들'이 '필요하다'고 응답한 비율은 93.2%로, 역시 '88만원 세대'와 '386세대'를 아울러서 가장 높다.[**]

[*] 《동아일보》, 「한국 민주주의, 죽어야 산다」, 2011년 12월 1일자

[**] 《한국일보》, 「30대가 여당·기성 정치권에 대한 불신 가장 커」, 2011년 10월 29일자

정치 신뢰도가 떨어지고 정치 효능감이 크면 유권자의 정치 참여
는 확대되고, 정치적 창의성도 높아진다. 목마른 사람이 우물 파는 심
정으로 유권자가 직접 뛰어들어 정치판을 바꾸려 하고, 그러는 과정
에서 유권자는 자신의 입맛을 대폭 투영하려고 한다. '그들'의 독특한
정치 참여 방식은 바로 여기서 기인한다. 낮은 신뢰도와 높은 효능감,
이 두 요소가 만나 '그들'의 팬덤·놀이·게임식 정치 참여를 빚어 낸 것
이다.

이렇게 보면 '그들'은 포스트 3김시대가 불러온 참여 진보다.

대학, 그게 뭐?

차제에 한 가지 문제를 털고 가자. 앞서 잠깐 언급했던 '대학문화론'
의 문제점이다.

세대 얘기만 나오면 어김없이 대학생활의 규정성을 언급하는 것은
대학문화가 갖는 독립성 또는 차별성 때문이다. 일반 생활문화 또는 대
중문화와는 다른 대학 고유의 문화가 대학생의 의식을 규정하고, 이 의
식이 해당 세대의 정치 성향을 규정한다는 등식을 내세우는 것이다.

그 대표 사례가 '386세대'다. '386세대'가 대학을 다닐 때는 마르크
스레닌주의가 보급됐고 혁명이 운위됐으며, 저항문화가 캠퍼스를 휘감
았다는 점을 들어 '386세대'는 한국 역사상 전례를 찾아보기 힘든 별
종이라고 평가된다. 또 이념세대, 또는 저항세대로 규정된다. 나아가 이

런 평가를 토대로 '386세대'의 변절을 운위한다. 2007년 대선과 2008년 총선에서 '386세대'가 이명박 후보의 747 공약과 새누리당의 뉴타운 공약에 홀려 이념을 저버렸다고 비판한다. 하지만 이 같은 평가는 잘못된 것이다. 설정된 전제 자체가 잘못된 것이므로 그 전제에서 도출한 결론 또한 잘못된 것이다.

첫째, 세간에서 평가 대상으로 삼은 '386세대'는 대학을 졸업한 사람들이다. 용어 그대로 1960년대에 태어나 1980년대에 대학을 다닌 사람들이다. 하지만 일부다. 이런 사람들은 '386세대' 중에서 극히 일부에 불과하다. 앞서 이미 살핀 것처럼 1960년대생 중에서 대학에 진학한 사람의 비율은 30% 안팎이다. 그런데도 세간에서는 1960년대생 전체의 2007년 대선과 2008년 총선 지지율을 대학 졸업자에게 적용한 뒤에 변절을 운운한다. 지표와 대상이 다른데도 무턱대고 일반화해 버린다. 일부의 경우를 전체에 적용하고, 전체의 경우를 일부에 대입한다. 그런 점에서 이는 논리의 비약이요 성급한 일반화다.

둘째, '386세대'를 대학 졸업자로 한정한다 해도 성급한 일반화의 오류를 피할 수 없다. '386세대' 중에 마르크스레닌주의 원전을 탐독하고 혁명을 꿈꾸던 사람들이 있었던 건 맞다. 하지만 이런 '386세대'는 '운동권'이라 불렸던 일부 극소수 대학생에 불과하다. 비밀 조직(당시에는 '언더 조직'이라 불렀다)에 소속되어 주기적으로 학습을 받고, 비밀 조직의 지시에 따라 조직적으로 시위에 참여한 일부 극소수다. 1980년대 당시 전체 대학생 중에 운동권이 차지한 비율이 어느 정도 되는지 집계된 바가 없기에 정확한 수치를 제시할 수는 없지만 경험적으로 볼 때 운동권의 비율은 5%를 넘지 않았다. 비밀 조직에 가입한 운동권 학생이라면 시위에 반의무적으로 참여해야 했던 당시의 풍토와, 당시 학내 집회에 참여한 시위자가 전교생 가운데서 차지하는 비율을 따져 보면 이런 계산이 나온다. 대학 새내기 때 선배의 '꾐'에 빠져 동아리나 학회에 잠시 발을 담갔던 사람들까지 그러모은다 해도 그 비율은 10%를 넘지 않는다. 1980년대에도 대다수의 대학생들은 도서관에 파묻히고 나이트클럽에서 발을 비비고 카니발에서 집단 미팅을 즐겼다.

따라서 마르크스레닌주의에 기초한 혁명의식을 '386세대' 전체가 공유했던 의식성으로 보는 건 오류다. 객관적 현실과는 크게 다른 엉터리 판단이다.

'그들'의 경우는 더 말할 것도 없다. 앞서 살핀 것처럼 '그들'이 대학을 다니던 1990년대는 대학문화와 대중문화의 경계가 사실상 허물어진 시기였다. 더불어 1980년대 학생운동의 조직과 의식도 해체된 시기였다. 백 번 양보해 '대학문화론' 그 자체를 여과 없이 받아들인다 해도 '그들'의 대학 시절이 '그들'의 의식성을 특별히 규정한 바는 없다. 20대의 '그들'을 지배한 것이 대중문화요 놀이문화였다면 그 문화는 대학 문턱을 밟지 않은 또 다른 '그들'도 향유했던 문화다. 그러니 '그들'을 탐구할 때 대학을 언급할 까닭이 없다.

30대 정치의식과 소셜네트워크

5

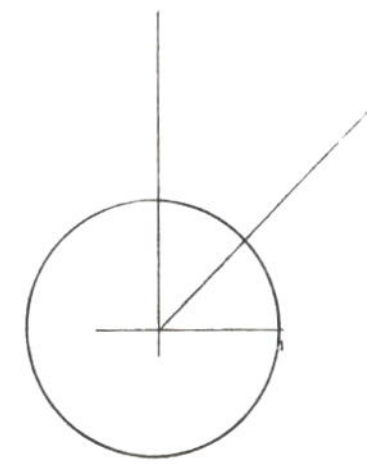

경기장에 가 본 사람은 안다. 축구 경기장이든 야구 경기장이든 그 모양은 둥글지만 관중석만은 각이 져 있다. 홈팀 관중석이 따로 있고 원정팀 관중석이 따로 있다. 홈팀 팬과 원정팀 팬이 각각 그들만의 구역에 모여 그들끼리 응원한다. 자칫 번지수를 잘못 찾아 응원하면 눈총받기 십상이다.

비단 경기장에만 그런 구역이 있는 것은 아니다. 사회 곳곳에 응원석 같은 공간이 수도 없이 널려 있다.

사람들이 일상을 영위하는 직장 또는 학교는 갈등의 공간이다. 개인과 개인이 부딪치는 경쟁의 공간이요, 조직의 논리를 개인에게 강제하는 억압의 공간이다. 절이 싫으면 중이 떠나는 법, 마음 같아선 그런 조직을 박차고 떠나 버리고 싶지만 목구멍이 포도청인지라 그러지 못하고 결국 타협점을 찾는다. 이른바 유체이탈법이다. 몸은 일상 조직 속에 있지만 마음은 응원석 같은 데서 노는 방법 말이다.

유체이탈을 구현하는 가장 좋은 방법은 사회적 네트워크를 만드는 것이다. 처지가 비슷한 사람끼리, 취미가 같은 사람끼리, 정치 성향이 유사한 사람끼리 모여 커뮤니티를 구축하는 것이다. 그곳에서 귀속감을 느끼고 동질감을 느끼는 것이다.

거리낄 것이 전혀 없다. 직장처럼 상사가 있는 것도 아니고, 학교처럼 평가를 받지도 않는다. 커뮤니티에 참여한 모든 사람이 공통의 관심사를 향유하기에 갈등이 없고, 수평의 관계를 형성하기에 억압이 없다. 오히려 공통의 관심사에 대한 정보를 주고받고, 비슷한 의견을 교환하면서 힘을 얻고 확신을 얻는다.

과거엔 꿈도 못 꾸었던 일이지만 지금은 마음먹기에 달렸다. 서울에 사는 사람과 부산에 사는 사람이 실시간으로 대화를 나눌 수 있는 소통수단은 널려 있다. PC통신 시대에 발아해 인터넷 시대에 꽃을 피우고 SNS 시대 들어 열매를 맺은 게 사회적 소통이다. 의지만 있으면 언제든, 어디서든, 누구와도 교류할 수 있다. 뜻 맞는 사람들끼리 사회적 소통을 하면서 자신의 취향과 성향을 확인하고 강화할 수 있다.

사회적 소통, 이것이 '그들'의 진보성을 규명하는 또 하나의 열쇠다. 또한 '그들'의 진보성을 규정하는 문화적 요인이다.

네트워크 속의 소통

　사회적 소통에 가장 적극적으로 나서는 사람들이 '그들'이다. '그들'은 수시로 정보와 의견을 주고받는다.

　한겨레사회정책연구소와 보건사회연구원의 조사결과를 보자. SNS 이용률을 보면 나이가 젊을수록 높게 나온다. '88만원 세대'의 이용률이 가장 높고 '386세대'의 이용률이 가장 낮다. 그 차가 17.4%포인트에 달한다. 여기까지는 당연한 현상으로 이해할 수 있다. 나이가 젊을수록 새 미디어에 대한 접근이 날래고 나이가 들수록 굼뜬 게 통례이니까 '88만원 세대'와 '386세대'의 현격한 차이는 흔히 말하는 세대 차에 기인한 것으로 이해할 수 있다.

　한데 묘하다. 이렇게 이해할수록 '그들'의 SNS 이용률이 눈길을 사로잡는다. '그들'의 SNS 이용비율은 '88만원 세대'에 비해 떨어지기는 하지만 그 차이가 크지 않다. 5%포인트에 불과하다. 반면에 '386세대'

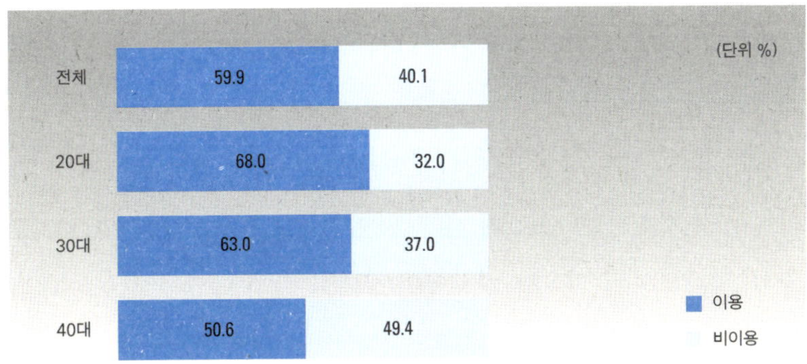

SNS 이용실태

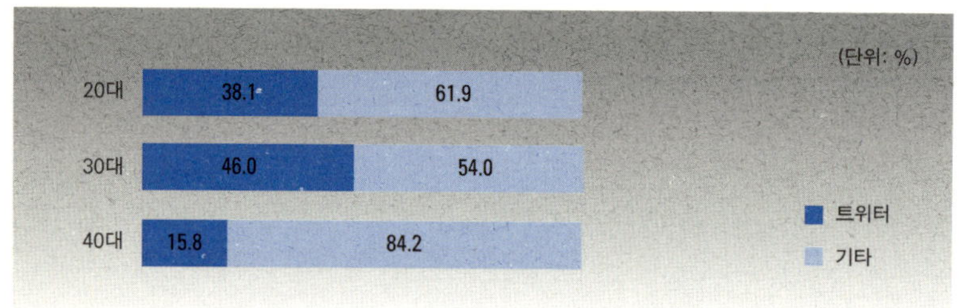

SNS 이용자 중 트위터 이용률

보다는 높은데 그 차이가 현격하다. 12.4%포인트나 차이가 난다. 세대차로 이해하기엔 '그들'의 SNS 사용률이 상대적으로 높다. 달리 해석하는 게 맞을 것이다.

이와 관련된 참고자료가 있다. SNS에서 트위터로 범위를 좁힌 조사결과다. 정보통신정책연구원이 2010년 12월에 펴낸『소셜미디어에서 온라인 정치담론의 특성』이라는 자료를 보자. 전국의 만 18세 이상 성인남녀 가운데 SNS를 이용하는 500명을 대상으로 2010년 지방선거 일주일 전부터 하루 전까지 조사한 결과다. 이 조사결과를 보면 '88만원 세대'보다 '그들'의 트위터 이용률이 높다. '88만원 세대'가 38.1%인 반면에 '그들'은 46.0%다.

이 수치가 힌트가 될 수 있다. '그들'은 트위터 이용률에 관한 한 타의 추종을 불허한다. 바로 이 점이 '88만원 세대'와 '그들' 간의, 또 '그들'과 '386세대' 간의 SNS 이용률의 상대적 간극을 만든 것으로 해석할 수 있다.

그럼 왜 '그들'은 유독 트위터를 애용하는 걸까? 바로 고개를 드는

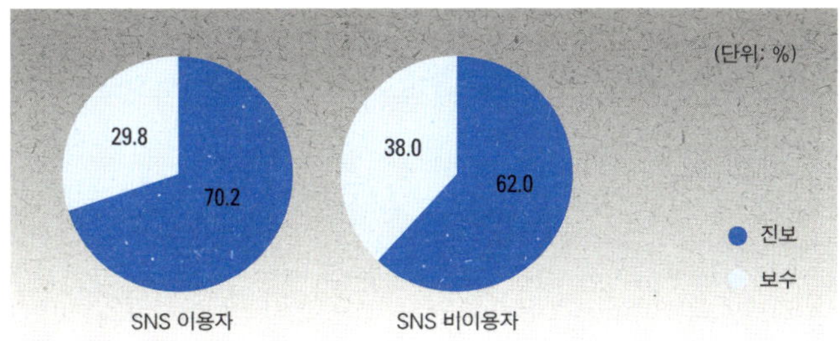

SNS와 이념성향 간의 상관관계

궁금증이지만 잠시 보류하자. 그것보다 먼저 정리할 게 있다. 트위터, 나아가 SNS와 진보성 간의 상관관계다.

응원석과 같은 SNS

SNS 이용자가 비이용자보다 더 큰 진보성을 보이는 이유는 사회적 소통의 원리에서 해석할 수 있다. 거듭 말하지만 SNS는 경기장의 응원석 같은 공간이다. 성향이 비슷한 사람들끼리 자발적으로 친구 관계를 맺는 공간이다. 따라서 그 공간에서 이뤄지는 소통은 기존의 성향을 강화한다. SNS를 이용하면서 주고받는 각종 정보는 공통의 관심사에 해당하는 것이므로, SNS를 통해 오가는 의견이 동질감을 키워 주는 것이다. SNS가 정치 성향에 자양분을 공급하고, 정치 성향에 대한 확신을 강화한다.

'그들'도 그렇게 말한다. FGI에 참석한 '그들' 중 사회적 소통에 가

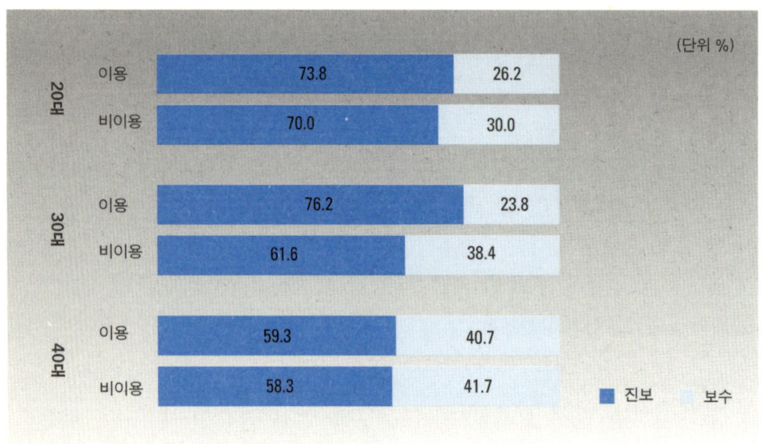

연령대별 SNS와 이념성향 간의 상관관계

장 적극적인 한 사람의 말을 들어 보자.

이두일 저와 비슷한 정치 성향을 가진 사람들이 되게 많아요. 그 사람들이 어떤 뉴스라든지 그런 걸 게시판에 올려 놔요. 그러니까 그런 것들을 제가 일일이 찾을 필요가 없는 거예요. 거기 가서 보면 쭉 나와 있으니까요. 어떤 정치적 사안이 빵 터졌어요. 예를 들어 선관위 서버에 문제가 생긴 사건이 터졌을 때 제가 이런 부분은 이렇지 않을까라고 생각이 들면 그거에 대한 글들이 이미 올라와 있어요. 정보를 가장 빠르게 받을 수 있는 공간이죠.

SNS에서는 끼리끼리 모인다. 정치 성향이 비슷한 사람들끼리 모여

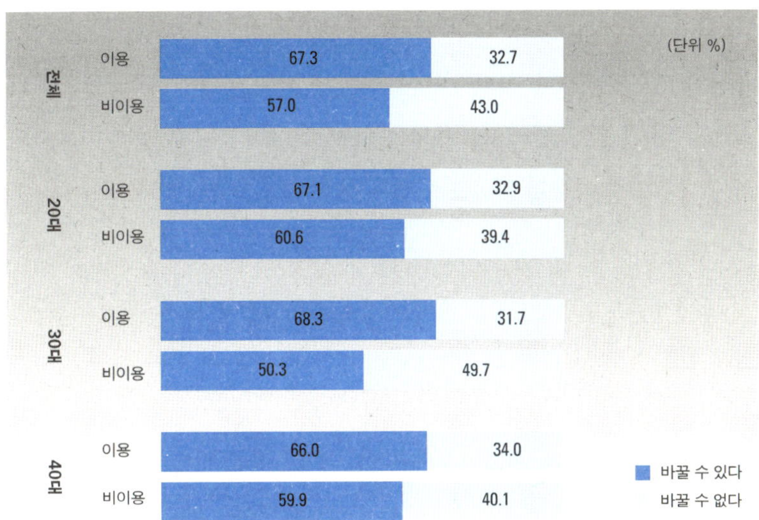

SNS와 정치 효능감 간의 상관관계

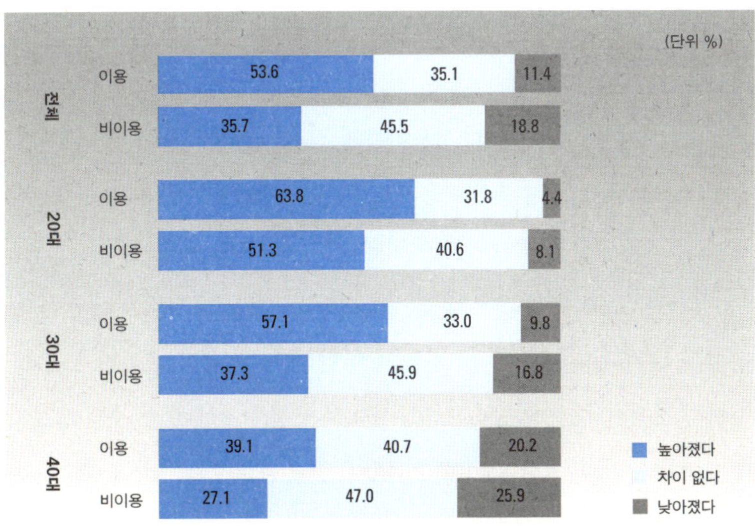

SNS와 정치관심도 간의 상관관계

공통의 관심사를 확인하고 정보를 공유한다. 사정이 이러하니 SNS 이용자의 성향이 비이용자보다 더 왼쪽으로 기울 수밖에 없다. 한겨레사회정책연구소와 보건사회연구원의 조사 결과에 따르면 SNS 이용자와 비이용자의 진보 성향 비율은 각각 70.2%와 62.0%로 그 차가 7.8%포인트이다.

연령대별로 나눠서 보면 이 차는 더 크게 벌어진다. '그들'의 편차가 선후배에 비해 더 크다. SNS 이용자와 비이용자 간의 이념 성향 편차가 '88만원 세대'는 3.8%포인트, '386세대'는 1%포인트에 불과하지만 '그들'은 14.6%포인트에 달한다. 더불어 SNS 이용자만을 따로 떼어 내 살펴도 '그들'의 진보 성향이 76.2%로 선후배에 비해 가장 높다.

이념 성향만이 아니다. 정치 효능감과 정치 관심도에서도 SNS가 '그들'에게 미친 영향이 유달리 크다. 정치 효능감의 경우 SNS 이용자와 비이용자 간의 편차가 '88만원 세대'는 6.5%포인트, '386세대'는 6.1%포인트인 반면 '그들'은 18.0%포인트에 달한다. 정치 관심도가 높아진 경우에도 SNS 이용자와 비이용자 간의 편차가 '88만원 세대'는 12.5%포인트, '386세대'는 9%포인트이지만 '그들'은 19.8%포인트다.

이처럼 '그들'은 SNS에 대해 유독 민감하게 반응한다. '88만원 세대'보다, '386세대'보다 훨씬 더 크게 영향 받는다. 달리 말하면 '그들'은 사회적 소통에 대한 열망이 크고, 사회적 소통구조에서 오가는 정보의 흡수력이 크다. 개인의 판단보다 여럿이 공유한 판단을 중시하고, 그 판단 결과에 대한 충성도가 상대적으로 높다.

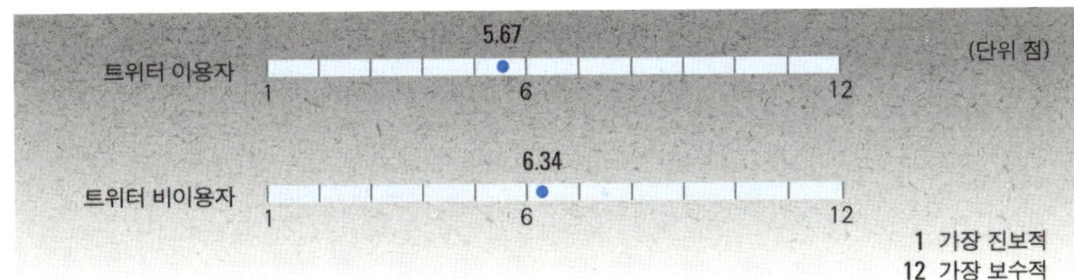

트위터와 이념 성향 간의 상관관계

익사이팅존, 트위터

이번에는 트위터로 한정해서 살펴보자. 정보통신정책연구원의 조사 결과를 보면 트위터 이용자가 비이용자보다 이념 성향[●]이 더 진보적이다. 가장 진보적인 경우를 1점, 가장 보수적인 경우를 12점으로 하여 측정한 결과 트위터 이용자의 이념 성향이 5.67로 정중앙인 6에서 왼쪽으로 치우친 반면 비이용자는 6.34로 오른쪽으로 치우친 것으로 나온다. 한겨레사회정책연구소와 보건사회연구원의 조사 결과와 추세가 비슷하다.

좀 더 구체적으로 들어가 보자. 트위터 이용자가 비이용자보다 상대적 진보성을 보이는 점은 확인했지만 그 이유는 아직 구체적이지 않다. 트위터 세계에서 정보를 교환하고 비슷한 의견을 나누기 때문이라는 분석은 씨줄일 뿐이다. 아직은 날줄이 촘촘하게 엮이지 않은 엉성한 틀이다. 따라서 트위터와 진보성과의 상관관계를 입증할 좀 더 구체적이

● 자료에서는 '정치적 성향'으로 표현했지만 이 책의 용어 기준에 따르면 이념 성향이다.

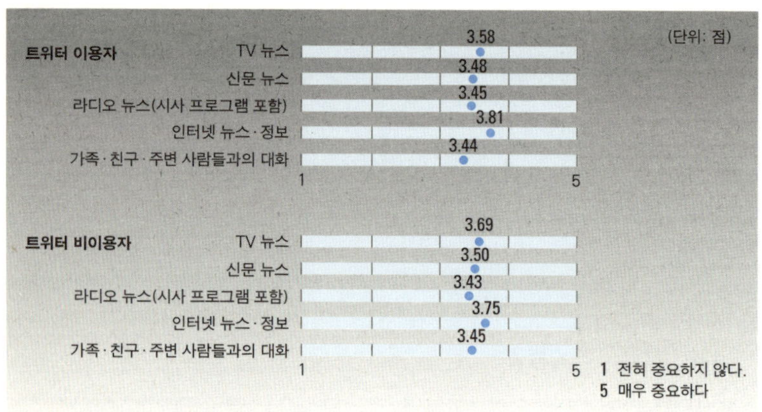

정치정보 원천의 중요도 평가　　　　　출처: 정보통신정책연구원

고 확실한 근거가 필요하다.

정보통신정책연구원의 조사 결과에 단서가 있다. 정치 정보의 원천에 대한 중요도를 평가한 결과다. 이 조사 결과를 보면 트위터 이용자나 비이용자 모두 가장 중요한 원천으로 인터넷의 뉴스와 정보를 꼽았지만 평가 점수에서는 차이를 보인다. '전혀 중요하지 않다'를 1점, '매우 중요하다'를 5점으로 하여 점수를 매긴 결과, 인터넷 뉴스·정보에 대한 트위터 이용자의 점수가 3.81점인 반면 비이용자는 3.75점이다. 트위터 이용자일수록 인터넷 뉴스·정보의 중요성을 높게 평가한다.

이 같은 결과에 모두가 다 아는 사실, 즉 그 어느 매체보다 인터넷의 뉴스·정보가 상대적으로 진보적이며, 그 어느 매체보다 인터넷에서 의견 교환이 활발하게 이루어진다는 사실을 결합하면 답은 분명해진다. 트위터에서 오가는 정보와 의견은 상대적으로 진보적이다.

(단위: %)

	트위터 이용자	트위터 비이용자
정치를 논의하는 네티즌 커뮤니티에 회원 가입	37.4	17.2
정치를 논의하는 네티즌 토론방 참여	41.7	22.7
정치적 사안과 관련된 여론조사에 응답	70.5	49.9
정당(정치인)을 후원하는 웹사이트에 회원 가입	25.2	14.1
인터넷 게시판에 실명으로 지지하는 정당(정치인)에 대한 의견 게시	29.5	19.4
인터넷 토론방에서 실명으로 지지하는 정당(정치인)에 대한 의견 제시	29.5	19.7
정치인 연설의 경청	59.0	49.0
지지 정당(정치인)을 위한 자원봉사 활동	15.1	15.0
특정 정당에 회비 또는 정치인에게 후원금 납부	17.3	14.1
가족이나 주변사람들을 만나 특정 정당(정치인)을 지지하도록 권유하거나 설득	32.4	28.5
시민단체 활동에 직접 참가	12.9	13.0
이메일이나 메신저를 통한 특정 정당(정치인)을 지지하도록 권유하거나 설득	8.6	7.5
휴대폰 문자 메시지를 통한 특정 정당(정치인)을 지지하도록 권유하거나 설득	5.0	7.5

트위터 이용 여부에 따른 정치참여

다른 수치도 있다. 정보통신정책연구원이 2010년 지방선거 당시 분석한 자료에 따르면 트위터 이용자들이 직접 생산하는 정보가 전체 정보의 42%로, 기존 미디어를 통해 얻는 정보(44%)와 비슷하게 나온다. 상대적으로 진보적인 정보를 공유하는 데서 한 발 더 나아가 독자적인 정보를 수제품으로 생산하기까지 하는 것이다. 이러다 보니 보수 담론의 지배성이 큰 기존 미디어에 휘둘릴 까닭이 없다. 오히려 자기 영역을 더 확실하게 구축한다.

'그들'은 자기들끼리 오순도순 진보성을 유지하고 강화할 뿐만 아니라 적극적으로 전파하기도 한다. 소통 영역을 인터넷 커뮤니티 등으로

● 《매일경제》, 「SNS 소통형 인간 뉴스·이슈를 장악」, 2010년 11월 24일자

(단위: %)

	트위터 이용자		트위터 비이용자	
	참여	불참	참여	불참
2007년 대선	88.1	11.9	81.3	18.7
2008년 총선	77.8	22.2	70.8	29.2

지난 선거 투표 참여 여부

확장시킬 뿐만 아니라 현실 정치에 직접 참여하기도 한다. 지지 정당(정치인)을 위해 봉사 활동을 하고 정당회비나 정치인 후원금을 내기도 한다.

얼추 줄기가 섰다. 트위터가 진보 성향을 강화시키는 공간인데 '그들'이 유독 트위터에 대한 선호도가 크다면 결과가 어떻게 나오겠는가? 두말할 필요 없이 진보성의 강화다. '그들'은 사회적 소통을 하면서 진보성을 확인하고 강화한다.

트위터 이전

그래도 착각하지 말아야 한다. 어설프게 분석했다간 인과관계를 뒤집을 수 있다. 트위터로 인해 '그들'이 사회적 소통에 능해졌고, 사회적 소통에 능해진 결과 진보성이 강화됐다는 분석은 성립되지 않는다. 오히려 현실은 거꾸로다. 트위터에서 '그들'의 진보성이 촉발된 게 아니라 '그들'의 진보성이 트위터로 인해 강화된 것이다. 경기장 응원석에 우연히 앉았다가 얼떨결에 응원을 하게 된 것이 아니라 응원하기 위해 응원석을 찾아간 것이다.

정보통신정책연구원이 트위터 이용자와 비이용자를 대상으로 2007년 대선과 2008년 총선 참여 여부를 물은 결과, 트위터 이용자의 참여율이 두 번의 선거에서 모두 높게 나왔다는 점을 전제하고 트위터가 본격적으로 보급된 시점을 살피면 인과관계가 좀 더 확실해진다. 트위터가 국내에 상륙한 것은 2006년, 하지만 널리 보급되기 시작한 시점은 2009년이다. 대선과 총선이 실시됐던 2007년과 2008년에 트위터는 일반화되지 않았다.

핵심이 바로 여기에 있다. 트위터 이용자는 트위터가 보급되기 훨씬 전부터 정치에 상당한 관심을 보이고 있었다. 트위터 비이용자보다 훨씬 높은 선거 참여율을 보였다. 여기에 '그들'이 2002년 이후부터 가장 높은 진보성을 보였다는 사실을 추가하면 결론은 분명해진다. 트위터가 진보성의 발원지 역할을 한 것이 아니라 높은 진보성이 트위터 이용을 이끌었다고 봐야 한다. 트위터 때문에 '그들'의 진보성이 추동된 것이 아니라 '그들'의 진보성이 트위터를 매개로 강화되었다고 봐야 한다.

앞에서 잠시 보류했던 문제, 즉 '그들'이 유독 트위터를 애용하는 이유도 여기서 확인할 수 있다. 트위터는 '그들'의 입맛에 맞는 소통수단이다. 트위터는 2012년 총선 때까지도 진보의 놀이터였다. 트위터에서 오가는 정보는 정치·사회와 관련된 것이고, 그런 정보에 얹는 의견은 진보성을 띠게 된다. 이 같은 트위터의 특성이 '그들'과 궁합이 맞은 것이다. SNS가 응원석이라면 '그들'이 가장 애용하는 트위터는 응원석 맨 앞에 위치한 '익사이팅 존'이다.

반면에 '88만원 세대'는 상대적으로 페이스북을 선호한다. SNS가 본격적으로 보급되기 전에 '싸이월드'에서 일촌들과 오순도순 신변잡사를 나눴던 경험을 갖고 있기에 트위터보다는 상대적으로 페이스북을 선호한다.

사정이 이렇다면 시선을 과거로 돌려야 한다. '그들'이 상대적 진보성을 보이는 이유를 트위터로 한정해서 살필 것이 아니라 트위터가 출현하기 전에 '그들'이 어떤 소통 양태를 보였는지로 시선을 넓혀야 한다.

'그들'이 20대였던 10여 년 전으로 거슬러 올라가 보자. 한국갤럽이 1999년 12월 14일 전국의 만 20세 이상 남녀 2061명을 대상으로 실시한 여론조사 결과, '내년 총선에서 인터넷과 PC통신이 선거에 영향을 미칠 것'이라는 항목에 그럴 것이라고 응답한 비율이 '그들'이 가장 높다. 당시 20대였던 '그들'의 응답률은 64.1%로, 전체 평균 50.2%를 훨씬 상회하는 응답률이다.

그럴 수밖에 없었다. 당시 PC통신과 인터넷의 최대 향유층이 바로

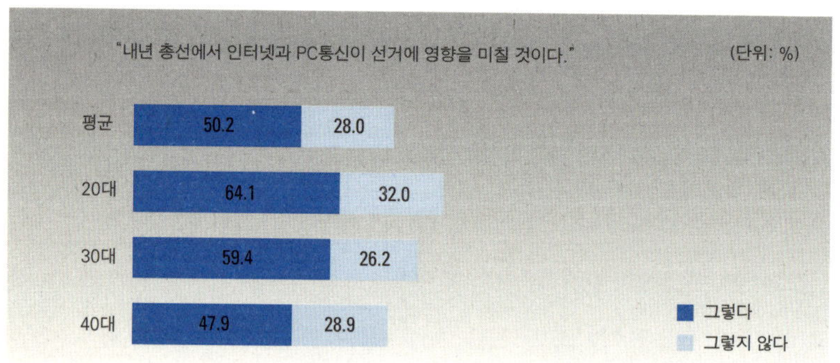

1999년 12월 기준 인터넷·PC통신이 선거에 미치는 영향에 관한 응답

'그들'이었다. 한국인터넷정보센터가 실시한 2002년 12월을 기준으로 '인터넷 이용자 수 및 이용행태 분석' 결과를 보면 '그들'은 이미 인터넷을 매개로 한 사회적 소통에 능숙해 있었다.

메신저 이용에 '그들'은 상당한 시간을 할애하고 있었다. 이용하는 메신저 수는 '88만원 세대'보다 약간 적었지만 이용시간만큼은 주당 13.31시간으로 압도적으로 길었다. 하루에 거의 두 시간 꼴로 다른 사람과 메신저로 대화하고 있었다.

'그들'의 이 같은 소통 양태는 메신저를 넘어 인터넷 커뮤니티로까지 확장되어 있었다. 메신저가 주로 1 대 1, 또는 1 대 소수로 이루어지는 소통이라면 인터넷 커뮤니티에서의 소통은 상대적으로 범위가 넓었는데도 '그들'은 이마저도 가리지 않았다. 가입한 인터넷 커뮤니티의

	갯수	시간
6~19세	1.48	9.36
20대	1.34	13.31
30대	1.21	10.70

이용하는 메신저 갯수와 주당 이용시간

	없다	1~3개	4~6개	7~9개	10~12개	13개 이상	시간
6~19세	54.4	14.8	9.2	3.2	6.5	11.9	3.19
20대	38.9	19.6	17.1	6.3	10.1	7.9	3.81
30대	76.9	16.9	4.0	0.7	0.6	0.8	2.55

가입한 인터넷 커뮤니티 수와 주당 이용시간

수에서는 물론 주당 이용시간에서도 가장 높은 수치를 보임으로써 왕
성한 소통 욕구를 유감없이 발휘했다.

끼리끼리 흩어지다

'그들'의 트위터 애용은 이전의 귀결이요 이후의 시발이다. '그들'은
트위터가 있기 때문에 소통하는 게 아니라 소통하기 위해 트위터를 활
용한다. '그들'은 끊임없이 소통한다. 때와 장소를 가리지 않고 줄기차
게 대화를 나눈다. 그렇게 대화를 나누면서 모이고, 모여서 다시 대화
를 나눈다.

어떤 이들은 '그들'의 이런 소통 욕구를 디지털 혁명의 결과로 진단
한다. '그들'이 20대일 때 PC통신과 인터넷, 핸드폰이 대중화된 탓에
그 매체를 이용한 소통에 익숙해졌다고 진단한다. 일면 타당한 진단이
다. 시장의 원리는 수요가 공급을 창출하는 게 아니라 공급이 수요를
창출한다. 자리가 깔려야 춤을 출 수 있는 이치와 비슷하다. 소통 수단
의 공급이 선행되었기에 소통이 활발해졌다는 진단은 분명 일면의 진
리를 담고 있다.

하지만 이런 진단은 일면적인 것으로 전체를 설명하지는 못한다. 단
적인 예가 '386세대'의 소통 양태다. '386세대'의 다수가 20대였던 1993
년에 나온 뉴스 하나를 들춰 보자.

㈜데이콤이 지난 1988년 5월부터 상용서비스를 제공해 온 종합정보서비스 '천리안'의 유료 가입자가 최근 10만 명을 돌파했다. 또 이들이 PC를 통해 정보검색이나 PC통신을 위해 천리안에 접속한 건수도 올해 들어 월평균 170만 건을 넘어서는 등 국내 정보사회 정착을 위한 저변 확대가 급속도로 진행되고 있는 것으로 나타났다.

20일 데이콤에 따르면 지난 1985년 서울의 3개 지역을 대상으로 '생활백과정보', '관광명소' 등 생활정보를 무료 제공하기 시작, 국내 최초의 정보서비스로 출발한 천리안은 지난 18일 현재 10만 681명의 가입자를 확보했다. 천리안과 경쟁관계에 있는 한국PC통신㈜의 '하이텔'과 포스데이타㈜의 '포스-서브'는 현재 유료 가입자가 각각 8만 7000명, 3만 5000명으로 이들 서비스의 무료 이용자를 포함하면 국내 PC통신 인구는 40만명에 이르는 것으로 추산되고 있다.(중략)

가입자 수를 지역별로 보면 서울경기 지역이 5만 5900여 명으로 전체의 55.5%를 점하고 있으며 다음은 부산경남 1만 6500여 명(16.4%), 대구경북 9300여 명(9.3%), 대전충청 6300여 명(6.3%), 광주전남 5800여 명(5.8%), 원주강원 3345명(3.4%), 전주전북 3316명(3.3%) 등의 순이다.

연령별로는 20대가 전체의 40.3%인 4만 622명으로 가장 많고 30대가 2만 5000여 명(24.9%), 40대 1만 5000여 명(15.8%), 50대 3400여 명(3.4%), 10대 800여 명(0.8) 등이다.

현재 천리안이 제공하는 정보는 전자우편, 동호회, 전자대화 등 PC통신 분야의 250여 종을 비롯한 국내DB(데이터베이스) 359종과 해외DB 561종 등 모두 920종이며 정보제공 업체(IP) 수는 212개에 달하고 있다.

PC통신 서비스 중에서 많이 이용되는 부문은 직업이나 취미가 같은 이용자 간에 전문적인 정보를 교환하는 동호회, 프로그램이나 자료를 공개하는 공개자료실, 전자대화. 토론의 순으로 나타났는데 동호회는 모두 127개가 결성돼 있다.[●]

이 뉴스에 따르면 PC통신의 선구적인 사용자는 당시의 20대, 지금의 '386세대'다. 인터넷 커뮤니티의 원조격인 동호회를 개척한 사람들도 지금의 '386세대'다. 하지만 10년이 흐른 뒤인 2002년에 한국인터넷정보센터에서 조사한 결과에 따르면 '386세대'는 '그들'에 한참 밀려 있다. 메신저 이용이나 인터넷 커뮤니티 이용 모든 면에서 '그들'에 현저히 뒤지는 것으로 나왔다.

나이 탓으로 돌릴 수는 없다. 나이가 들어 행동이 굼떠지고 새 조류에 대한 적응도가 떨어진 결과로 이해하면 앞서 짚었던 것처럼 '88만원 세대'와 맞먹는 '그들'의 SNS 이용률, 특히 '88만원 세대'를 능가하는 트위터 이용률은 설명할 길이 없다.

결국 '그들' 안에서 찾을 수밖에 없다. '그들'이 왕성한 사회적 소통 양태를 보이는 이유, 그건 '그들'만이 공유하는 독특한 세대 경험에서 비롯된 것이라고 봐야 한다. 이제부터 그것을 찾아 나서자.

우선 FGI에 참여한 '그들'의 회고담부터 들어 보자. '그들'의 회고담에 적잖은 해답이 담겨 있다.

● 《연합뉴스》, 「'천리안, 유료 가입자 10만 명 돌파'」, 1993년 10월 20일자

김종배 20대들과 포커스 그룹 인터뷰를 했는데 20대가 하는 말이 '대학은 이제 단일 집단이 아니다, 하나의 공동체가 아니라 서로가 경쟁을 해야만 하는 사회가 되어 버렸다'라고 얘기를 하더군요. 한마디로 극심하게 개인화되어 버렸다는 얘기였는데, 여러분이 대학에 다닐 때는 어땠나요?

박영숙 학부제가 되면서 그 현상이 굉장히 심해졌어요. 제가 학생회 활동을 하면서 그 이후에 들어오는 후배들을 보니까 과로 모이는 게 아니라 자기가 살아남기 위해 자기에게 도움 되는 선배들을 컨택하고 다니더라고요.

이선영 저희 때만 해도 그렇게 심하진 않았어요. 근데 취업난이 심각해지면서 그렇게 경쟁이 심해졌어요. IMF 이후에. 경쟁을 한다고 하더라도 우리 과의 애랑 경쟁한다는 생각은 없었죠. 옆에 있는 친구와의 경쟁이 아니라, 내가 스스로 내공을 쌓느냐 마느냐 이런 문제였죠. 그래도 대학이 사회로 나가기 전에 풍류를 즐기고 여유를 만끽하는 낭만공간이었죠. 예전 같지 않지만, 어설프게 뭔가 해야만 한다는 의식도 있었던 것 같아요. 스펙만의 공간만은 아니었어요.

추길영 자기들끼리 어울리는 걸 되게 좋아했어요. 저희는 학력고사 세대인데 고등학교 때까지만 해도 경쟁은 심했어요. 하지만 고등학교만 지나면 대학교에서 얼마든지 놀 수 있다고 생각했죠. 대학교에 진학하면 추운 겨울에서 갑자기 봄이 되어 버린다고……. 당시에 환락이라는 단어가 유행이었나 봐요. 저희도 되게 많이 사용했는데, 다 몰려 다녔어요. 나이트도 되게 많이 다니고요.

최서연 통금(심야영업 제한을 뜻한다)이 있었는데, 그때 통금이 풀려지면서 더 그랬죠.

추길영 네, 예전에는 학생운동 하는 선배들은 운동에 관련된 얘기로 많이 모이고 얘기하고 했었는데, 그때는 유흥이나 환락으로 몰렸어요.

박영숙 남학생들이 그랬던 거 아니에요?

추길영 저희 남학생들이 그랬어요.

김영선 그때 배낭여행 되게 유행이었어요. 여행 자유화가 이뤄지면서.

추길영 저희 때는 다른 콘텐츠들을 많이 찾아 다녔어요. 그리고 개인화가 시작이 됐죠.

김영선 휴대전화도 그때 생겼죠.

박영숙 노래방도 그때 생겼고.

추길영 삐삐에서 씨티폰, 휴대폰 그러면서 개인화가 심해졌죠. 제가 군대 갔다 온 후 보니까 애들끼리 얘기를 잘 안 하더라고요. 노래방 같은 것들이 생기면서 예전에는 그냥 곱창집이나 순대집에 가서 김치찌개 먹고 소주 한 잔 먹는 게 다였는데, 어느 순간 마이크를 들게 되고, 흔들게 됐죠. 이상한 놀이 문화를, 룸 문화를 형성한 것이죠. 그게 개인화돼 가는 단계였던 것 같아요.

김종배 아, 룸 문화?

추길영 사업을 하다 보니까 많이 느끼는 건데, 우리나라 사람들이 대화에 단절이 심해서 룸밖에 안 찾아요. 그 룸(살롱)이 아니라. 밀실문화가 굉장히 강해졌어요. 데이트도 마찬가지고. 사람들이 의견을 나눌 때도 상대방이 내 얘기를 못 듣게 하기 위해서. 저부터 그래요, 방해받는 것도 싫고 방해하는 것도 싫다 이런 거거든요. 그래서 서로 한정된 공간에서 얘길 나눠요.

김종배 룸 문화가 형성되었다고 하지만 다른 한편으로는 천리안, 하이텔과 같이 PC통신이 나타나면서 소통문화 현상도 나타나잖아요?

장정수 그건 좀 다른데요. 소통이라고 하는 게, 그들만의 소통이지 모두의 소통은 아니거든요. 예를 들어서 굉장히 작은 또래집단이 많이 만들어지면서 그들 내부에서 소통이 되는 거지. 외부에 있는 다른 사람들과의 소통이 이뤄지는 건 아니거든요. 제가 너무 많이 고민했는데, 제가 군대를 제대하고 복학을 했는데, 너무 많이 그런 집단이 생긴 거예요.

김종배 대학 내의 소집단인가요?

장정수 네, 무슨 강남 애들 모임이 있고, 강북 애들 모임이 있고, 지역 모임이 있고, 너무나 많은 모임들이 있더라고요. 뜻 맞는 몇 명이서 노래방을 가고, 또 노래방이 많이 들어가는 곳은 아니니까 술집에 가서 같이 술 먹고 그렇게 놀다 보니까 사실 모두가 함께하는 그런 모임은 많지 않았던 것 같아요. 1990년대 후반, 2000년도 넘어가면서부터는 다 같이 움직이는 MT라든가 그런 게 없어져요.

한신정 저희도 별로 안 갔죠.

추길영 인터넷이 소통의 장을 마련해 주는 듯 했으나, 점점 개인화로 가도록 만들어 놓은 하나의 구실이 돼 버렸어요.

이두일 다양화된 거죠. 다양화. 대학교 정문에 무슨 과 어디로 모여라. 이런 쪽지가 붙어 있었어요. 그런 형태로 해서 모였죠. 군대 가기 전까지만 해도 전체가 모이고, 과별로 모이면 몇 십 명씩 모이고 했죠. 그런데 군대 갔다 와서 99학번들이랑 같이 학교를 다니게 됐는데, 휴대폰이 있고 그러다 보니까 어디에서 모여라 그런 것이 없어졌어요. 그리고 옛날에는 당구장에 가면 남자 애들은 다 있었어요. 거기서 짜장면 먹고 밖에서 맥주 한 잔 하고. 근데 군대 갔다 와서 보니까 사람들이 술을 마신 다음에 게임방을 가요. 게임을 막 해요. 1998년도부터 있었고, 1999년도 ~2000년도에 거의 피크였죠, 그러다 보니까. 게임, 특히 '스타크래프트'를 강의실에서 보여 주기까지 했어요. 놀이문화까지 점차 개인화된 것이죠. 그리고 인터넷 게시판들이 막 활성화됐어요. 각 학교, 각 과마다 게시판이 있어 가지고 거기에다가 공지라는 걸 올리게 되면 학생들이 댓글을 달게 되고 그래 가지고 참여를 하고 그랬는데, 어느 순간이 되니까 그것도 싹 사라져요. 그리고 또 하나가, 대학교 들어와서 고등학교 동문회를 계속 오랫동안 했었는데, 제 때까지만 해도 동문회 선배가 나오면 상전 모시듯 했는데 그 문화도 없어졌어요. 99학번, 00학번 들어오면서 거기까지가 후배가 있고 그 아래로는 아예 후배가 없는 거예요. 아예 동문회에 나오질 않는 거예요. 심지어 입학처 같은 데 가서 신입생 명단 받아와 전화를 해서 나와라, 나와라 해도 10명 전화하면 한두 명밖에 안 나와요. 후배들이 '왜 그런 데 가서 선배들 앞에서 머리 박아 가면서 술 마시냐' 이런 생각을 하는 거예요.

김종배 PC통신 나오고 이어서 인터넷 나오고, 또 삐삐에서 시작해서 핸드폰까지 나왔습니다. 소통의 매개가 되는 기기들이 여러분이 대학 다닐 때 집중적으로 쏟아졌는데도 소통 모임의 단위가 쪼그라드는 정반대 현상이 나타난 이유가 무엇일까요?

이두일 예전에는 조직에 나를 맞춰야 했는데, 그럴 필요가 없어진 거죠.

김종배 통신수단보다는 시대적인 환경이 더 근본적인 원인이라는 건가요?

이두일 그렇죠.

추길영 제가 군대에 애착이 좀 있어서 제대 후에도 1년마다 한 번씩 근무했던 부대를 놀러간 적이 있었어요. 그때 겪은 일인데, 휴가나 외출 나온 군인들이 읍내 다방이나 술집에 안 가고 PC방이나 여관방에 들어간대요. 이상한 짓을 하기 위해서 여관방에 가는 게 아니라 거기에 PC가 있으니까. 다방이나 술집만이 아니었어요. 중국집에도 안 간대요. 짜장면은 PC방이나 여관방에서 시켜 먹으면 되니까. 그렇게 집합 장소가 하나 둘 없어졌고, 소통 단절도 심해진 것 같아요.

'그들'의 회고담에는 1990년 대학문화의 상징들이 망라되어 있다. PC통신, 인터넷, 삐삐, 핸드폰, PC방, 배낭여행, 노래방, 스타크래프트, 학부제 등등. 더불어 이런 상징들의 배면에서 작동하던 시대적 흐름도 드러나 있다. 개인화, 다원화, 유흥문화 등등.

수많은 학자와 언론이 1990년대 대학문화를 진단한 후 내놓은 결론과 별반 다르지 않다. 전체가 쇠하고 개인이 흥했다는 진단, 이념에서 벗어나 다양성이 추구되었다는 진단, 저항문화가 가고 유흥문화가 스며들었다는 진단 등과 맥을 같이 한다.

구상 차원의 회고와 추상 차원의 진단이 같다면 재론의 여지는 없다. 그 자체가 객관적 사실이다. 1990년대의 대학은 개인이 차이를 강조하며 즐기던 시대였다고 규정해도 무방하다.

한데 무슨 상관이 있을까? 1990년대의 대학문화가 ‘그들’이 지금 내보이는 왕성한 소통 양태와 무슨 상관이 있을까? 얼핏 봐선 연결되지 않는다. 오히려 모순으로 보이기까지 한다. 1990년대의 개인 문화와 지금의 네트워크 문화, 1990년대의 다양성과 지금의 진보성은 일견 어울리지 않는다. 하지만 아니다. 자세히 들여다보면 ‘그들’이 지금 내보이는 왕성한 소통 양태는 1990년대에서 기인한 점이 적지 않다.

‘그들’의 회고담을 찬찬히 뜯어보면 미세하지만 의미심장한 대목이 하나 발견된다. 룸 문화이다. ‘그들’은 이것을 개인화의 증좌로 평가했지만 달리 볼 필요가 있다. 엄밀히 말하면 그건 개인화의 증좌가 아니라 소집단화의 증좌다. 1990년대의 개인화를 1980년대의 전체화에 대비되는 개념으로 사용한다면 무방하지만 그것을 지금의 원자화와 같은 개념으로 사용하는 데는 무리가 있다.

원자화된 개인과 소집단화된 개인은 다르다. 원자화된 개인을 지배하는 것은 오로지 자기 자신이지만 소집단화된 개인을 지배하는 것은 구성원의 공통분모다. 처지나 취향 같은 것 말이다.

‘그들’은 흩어졌지만 뿔뿔이 흩어진 게 아니라 끼리끼리 흩어졌다. 이념과 전체가 물러간 자리에 취향과 소집단을 세웠다. 그 귀결이 ‘룸 문화’이다. 자기들끼리만 어울리는 교류의 공간, 자기들과 처지나 취향이 다른 사람을 배척하는 폐쇄의 공간 말이다.

‘그들’이 뿔뿔이 흩어진 게 아니라 끼리끼리 흩어졌다는 분석은 객관적 자료를 통해서도 입증된다. 한국갤럽이 2000년 4월 24일부터 5월

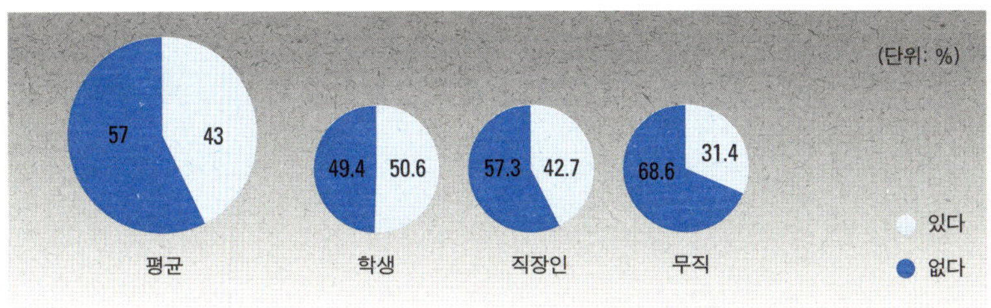

참여 모임·동호회

2일까지 서울과 6개 광역시의 20대 1009명을 대상으로 여론조사를 실시한 결과 당시 20대의 모임·동호회 참여 비율은 43%였으며, 특히 학생의 모임·동호회 참여 비율은 50.6%였다.

1990년대에 학생운동이 쇠락하면서 덩달아 학회와 동아리 문화도 후퇴했다는 게 일반적 평이다. 맞다. 해를 거르지 않고 나왔던 뉴스가 그와 관련된 것이었다. 대학 신입생의 동아리 가입률이 떨어진다는 뉴스, 동아리가 신입 회원을 유치하기 위해 갖가지 홍보방법을 동원한다는 뉴스였다.

하지만 분명히 할 필요가 있다. 학생운동이 쇠하고 학회·동아리가 부진에 빠진 것은 맞지만 그것이 곧 원자화로 귀결된 것은 아니었다. 다른 방식으로, 1980년대식 방식이 아니라 1990년대식 방식으로 소집단 문화가 탄생했고 유지됐다. 학습이 아니라 취미 공유로, 저항문화가 아니라 대중문화로 그 내용물은 바뀌었지만 소집단 문화는 유지되고 있었다. 선배가 리더가 되어 이끄는 수직적 운영에서 모두가 똑같은 회원으로 공동 참여하는 수평적 운영으로 그 질서는 바뀌었지만 소집단 문화는 유지되고 있었다.

'그들'은 사회적 소통에 최적의 경험을 한 세대인지도 모른다. 사이버 공간을 통한 사회적 소통이 익명성을 바탕으로 자유분방한 참여를 유도하고, 수평적 관계를 바탕으로 연대의 신축적 확장을 꾀하는 속성을 가지고 있다고 전제하면 '그들'처럼 안성맞춤형으로 소통을 경험한 세대는 없다. 개성과 자존감을 중시하는 '그들', 권위를 인정치 않고 자유를 추구하는 '그들'의 특성과 사이버 공간을 통한 사회적 소통의 속성은 찰떡에 가까울 정도로 궁합이 맞는다.

이렇게 보면 '그들'의 진보성은 네트워크 시대가 만들어 낸 소통 진보다.

최적화된 30대

물론 직결되는 건 아니다. '그들'이 사회적 소통에 능했다고 해서 그것이 곧 진보성으로 귀결되는 것은 아니다. 사회적 소통은 양태일 뿐 성질이 아니다. 오히려 1990년대에 '그들'의 사회적 소통과 정치 성향이 따로 놀았음을 방증하는 자료가 많다.

그 단적인 예가 전남대 이순영 씨의 박사학위 논문[*]이다. 이 논문에 따르면 '그들'에게 인터넷 활용과 정치 참여는 별개였다. 이순영 씨

● 이순영, 「인터넷이 정치참여에 미치는 영향」, 전남대학교 대학원 정치학과, 2002년 2월

(단위: 점, 5점 척도)

	인터넷 이용도	인터넷 숙련도	인터넷 정치참여	현실 정치 참여
20대 초반	4.74	3.71	1.50	0.28
20대 후반	4.79	3.73	1.49	0.33
30대 초반	4.70	3.53	1.48	0.37
30대 후반	4.68	3.38	1.57	0.45
40대	4.35	3.26	1.72	0.44

인터넷 이용도·숙련도와 정치참여 간의 상관관계

가 인터넷 상용 설문조사 사이트인 'www.research.co.kr'에 의뢰해 2001년 8월 7일부터 21일까지 955명을 대상으로 조사한 결과 당시의 20대, 즉 '그들'의 인터넷 이용도와 숙련도는 가장 높았다. 그런데도 현실 정치 참여는 말할 것도 없고 인터넷을 매개로 한 정치 참여의 정도 역시 가장 낮았다. 5점 척도로 측정한 각 항목에서 '그들'은 인터넷을 자주, 능숙하게 이용하는 반면에 정치에는 거의 참여하지 않는 것으로 나타났다. 왜 이런 현상이 나타났을까?

이순영 씨는 인터넷 이용도와 숙련도가 인터넷을 매개로 한 정치 참여에 영향을 미치는 것은 사실이지만 그것보다 더 중요한 요인이 따로 있다고 했다. 이용도와 숙련도 같은 물리적인 이용 상황보다 '인터넷을 이용하면서 그 기능에 대해 평가하는 정도'인 이용 정향, '시민이 정치과정에 영향력을 가진다고 느끼는 정도'인 정치 효능감, '정치 지도자, 정권, 정치 체제에 대해 가지는 믿음의 정도'인 정치 신뢰감 같은 심리적인 이용상황이 더 큰 영향을 미친다고 했다. 특히 정치 효능감이 인터넷을 매개로 한 정치 참여에 가장 큰 영향을 미친다고 했다. 그

(단위: 점)

	이용도	숙련도	이용정향	효능감	신뢰감
인터넷 매개 정치 참여	.090	.127	.388	.415	.192

인터넷 이용상황과 인터넷 매개 정치참여 간의 상관관계

러고서 수치를 제시했다. 이 수치를 보면 인터넷의 물리적 이용상황 지수는 당시의 20대가 가장 높지만 심리적 이용상황, 특히 정치 효능감은 가장 낮다.

이순영 씨는 이 같은 조사 결과를 토대로 인터넷을 "현실 정치에 대해 적극적인 관여 자세가 확립되어 있는 집단의 참여를 보다 용이하게 하는 기제"라고 규정했다. 똑같은 칼이라도 요리사가 쓰는지 살인자가 쓰는지에 따라 그 용도와 결과가 달라진다는 말이다.

'그들'이 1990년대의 선거에서 '386세대'보다 낮은 진보성을 보인 점, 그리고 '그들'의 인터넷 이용 내역이 대부분 개인적 처지나 취향과 연관된 것이었다는 점을 복기하면 이순영 씨의 결론은 '그들'에게 딱 들어맞는다.

하지만 이순영 씨의 분석은 10여 년 전의 것이다. 이순영 씨가 강조했던 바로 그 문제, 즉 '그들'의 '심리적 이용상황'이 2002년 이후 상전벽해에 비유될 만큼 변했다. 정치 효능감 하나만 떼어 놓고 봐도 그 수치가 2002년 이후 급속히 올라갔다. '심리적 이용상황'이 완전히 바뀌었다. 그렇다면 인터넷, 나아가 트위터는 '그들'에게 날개다. '그들'의 정치 참여를 보다 용이하게 하는 기제다.

물론 이런 분석은 우리의 관심사인 '그들'의 진보성과는 거리가 있

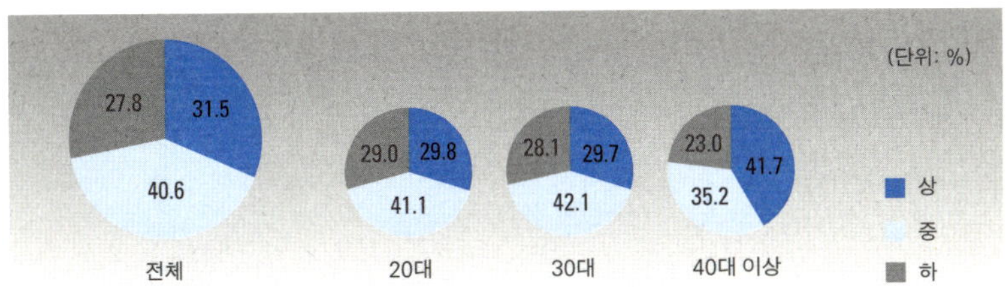

연령대별 정치 효능감

다. 이 논문에서 언급한 정치 참여는 진보성과는 전혀 상관이 없는 개념이다. 정치 참여가 활발하다고 해서 꼭 진보성을 보이는 것은 아니니까 말이다. 그럼에도 불구하고 시사점을 던지는 데는 부족함이 없다. 이순영 씨의 연구결과와 앞에서 검토했던 여러 수치들을 종합하면 결론은 같다. 인터넷과 트위터는 '그들'의 진보성을 강화하는 요인이다.

음극과 그림자:

30대 정치의식의 한계와 남은 문제들

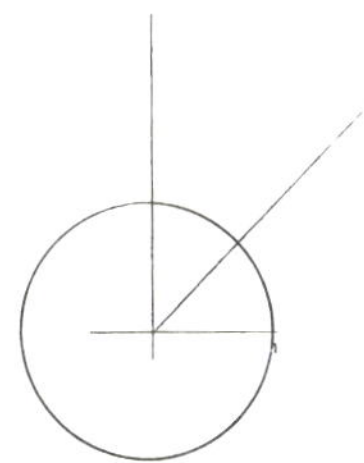

　'그들'에 대한 탐구는 이제 막바지에 다다랐다. 한 가지 문제만 풀면 끝이다. 마지막 고비를 앞두고 한 호흡 고를 겸, 먼저 지금까지의 탐구 결과를 정리해 보자.

　'그들'은 진보다. 세간의 평가와는 달리 '그들'은 2040세대의 맨 앞에 서 있는 꼭짓점 진보다. 시대 환경과 '그들' 고유의 경험이 합작해 낸 새로운 진보로, 크게 세 가지 특징을 보인다.

　먼저 '그들'은 신자유주의 시대가 불러온 생활 진보다. 신자유주의 광풍을 맨 먼저 맞아 기진맥진하고, 그 귀결인 세대 내 양극화에 상처 받은 진보다.

　두 번째, '그들'은 포스트 3김시대가 불러온 참여 진보다. 권위적이고 수직적인 정치 질서가 무너진 뒤 조성된 개방형 정치판에서 팬덤·놀이·게임을 연출하는 진보다.

마지막으로 '그들'은 네트워크 시대가 불러온 소통 진보다. 수평적인 소통공간에서 끼리끼리 어울려 공통의 관심사와 의견을 나누는 진보다.

그래서 단단해 보인다. 어지간한 힘에는 부서지지 않을 차돌멩이 진보로 보인다. 생활에서 체득하고 참여하며 확인하고 소통을 통해 강화하고 있으니 달리 볼 여지가 없다. 하지만 세상사치고 반면이 없는 건 없다. 양극이 있으면 음극이 있고, 빛이 있으면 그림자가 있다. '그들'에게도 음극이 있고 그림자가 있다. 이것까지 마저 규명해야 '그들'에 대한 탐구가 완료된다.

30대 보수

구슬은 꿰어야 보배다. '그들'이 제아무리 높은 진보성을 보인다 해도 그것이 행동으로 옮겨지지 않는다면, 다시 말해 실제 투표로 이어지지 않는 진보성이라면 큰 의미가 없다. '몸 진보'가 아니라 '입 진보'에 불과할 뿐이다.

그럼 어떨까? '그들'은 실제로 자기들의 진보성을 투표함에 고스란히 담아 내고 있을까? '몸 진보'의 면목을 유감없이 발휘하고 있을까? 이 질문에 대한 답을 구할 수 있는 통로는 투표율이다. 정치 참여를 계량화할 수 있는 가장 유력한 지표, 투표율 말이다.

이 투표율에서 '그들'은 바닥을 긴다. 전체 투표율에 비해 '그들'의

(단위: %)

	전체	19세	20대 전반	20대 후반	30대 전반	30대 후반	40대	50대	60대 이상
1992년 대선	81.9	-	69.8	73.3	82.1	85.9	88.8	89.8	83.2
1996년 총선	63.9	-	44.8	43.8	57.7	68.0	75.3	81.3	74.4
1997년 대선	80.7	-	66.4	69.9	80.4	84.9	87.5	89.9	81.9
2000년 총선	57.2	-	39.9	34.2	45.1	56.5	66.8	77.6	75.2
2002년 대선	70.8	-	57.9	55.2	64.3	70.8	76.3	83.7	78.7
2004년 총선	60.6	-	46.0	43.3	53.2	59.8	66.0	74.8	71.5
2007년 대선	63.0	54.2	51.1	42.9	51.3	58.5	66.3	76.6	76.3
2008년 총선	46.1	33.2	32.9	24.2	31.0	39.4	47.9	60.3	65.5
2012년 총선	54.3	47.2	45.4	37.9	41.8	49.1	52.6	62.4	68.6

연령대별 투표율

투표율이 대체로 15%포인트 정도 낮다. '그들'이 진보 성향을 유감없이 발휘한 것으로 평가되는 2002년 대선과 2004년 총선, 그리고 2012년 총선을 따로 떼어 놓고 보더라도 '그들'의 투표율은 전체 평균에 비해 12~14%포인트 낮다.

연령 때문에 나타나는 현상이 아니다. 흔히 청년층의 투표율은 낮고 장년층 이상의 투표율은 높다고 하지만 '그들'의 낮은 투표율은 이 통설만으로는 설명되지 않는다. '386세대'가 20대였을 때의 투표율을 보면 전체 투표율과의 차가 '그들'만큼 크지 않다. 대개가 5%포인트 안팎의 편차를 보인다. '386세대'가 30대일 때도 마찬가지다. 3%포인트 미만이다. 지금 30대를 보내고 있는 '그들'의 투표율과 '386세대'가 30대였을 때의 투표율 차가 너무 크다.

'그들'의 낮은 투표율이 연령대 특성에서 기인한 것이 아니라는 점은 '88만원 세대'와의 비교를 통해서도 확인된다. '그들'은 후배인 '88만원 세대'와 투표율 최저치를 놓고 엎치락뒤치락한다. 2004년 총선과 2008년 총선에서는 '그들'의 투표율이 '88만원 세대'에 비해 높지만 2007년 대선과 2012년 총선에서는 오히려 낮다.

'그들'의 낮은 투표율이 연령대 특성에 기인한 것이 아니라면 다시 '그들' 속으로 들어가야 한다. '그들' 내의 어떤 요소가 투표율을 끌어내리는지 실증적으로 살펴야 한다.

또 한 번 한겨레사회정책연구소와 보건사회연구원의 여론조사 결과를 꺼내 보자. 이 결과를 보면 눈길을 사로잡는 대목이 하나 나온다. 이념 성향별 투표 참여 의향이다. '4월 총선에 투표할 의향이 있는가'라는 항목에 대한 응답률을 보면 '그들' 내 진보층과 보수층이 확연히 갈린다. '반드시 참여할 것'이라고 응답한 비율이 '그들' 내 진보층은 61.%인 반면 보수층은 37.7%이다. 거꾸로 '참여할 생각이 없다'고 응답한 진보층이 2.0%인 반면 보수층은 15.8%이다.

'그들' 안에서만 편차가 큰 게 아니다. 선후배 보수층과 비교해도 마찬가지다. 똑같은 보수층인데도 '그들' 내 보수층의 '반드시 참여' 의사가 '386세대' 보수층에 비해서는 8.9%포인트 낮고, '88만원 세대' 보수층에 비해서는 19.2%포인트 낮다. '참여할 생각이 없다'고 응답한 경우도 '그들' 내 보수층이 많다. 그 응답률이 15.8%로 '88만원 세대' 보수층에 비해 5.6%포인트 높고, '386세대' 보수층에 비해 3.2%포인트 높다.

'그들'의 투표율이 바닥을 기는 이유 가운데 하나가 이것이다. 진보

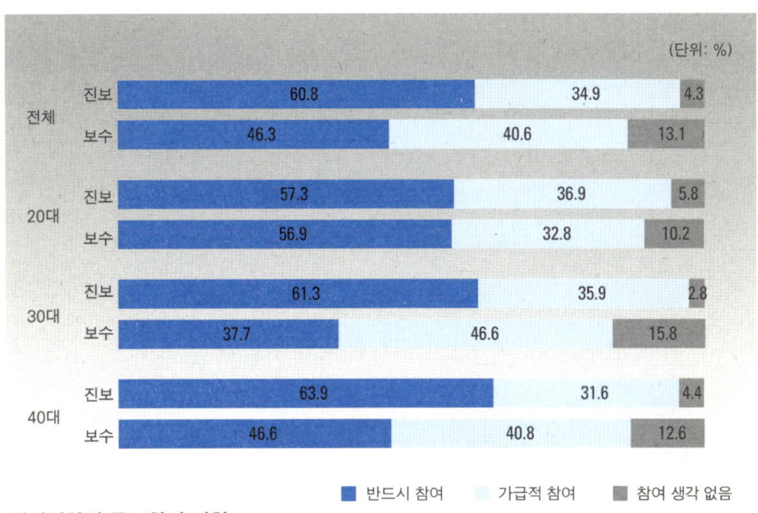

이념성향별 투표참여 의향

(단위: %, %포인트)

	경제적 지위 간 편차			정치 관심도 간 간 편차			SNS 이용 간 편차		
	최고	최저	편차	최고	최저	편차	최고	최저	편차
전체	68.4	55.3	13.1	77.4	50.7	26.7	70.2	62.0	8.2
20대	75.5	62.9	12.6	75.6	57.1	18.5	73.8	70.0	3.8
30대	72.8	51.6	21.2	81.1	50.0	31.1	76.2	61.6	14.6
40대	59.6	52.5	7.1	74.7	49.6	25.1	59.3	58.3	1.0

요인별 진보 이념성향 편차

층이 아니라 보수층이 투표율을 떨어뜨리고 있다. '그들' 내 보수층의 탈정치 속성이 평균치를 갉아먹고 있다.

말이 나온 김에 좀 더 깊숙이 들어가 보자. 힐끔 보아도 '그들' 내 보수층의 존재가 예사롭지 않다.

(단위: %, %포인트)

	경제적 지위 간 편차			정치 관심도 간 편차			SNS 이용 간 편차		
	최고	최저	편차	최고	최저	편차	최고	최저	편차
전체	59.1	42.4	16.7	70.3	37.3	33.0	60.4	52.7	7.7
20대	60.4	48.5	11.9	65.6	39.3	26.3	61.5	55.0	6.5
30대	61.8	38.7	23.1	71.5	33.8	37.7	61.6	56.8	4.6
40대	54.9	40.0	14.9	74.7	38.2	36.5	57.3	49.0	8.3

요인별 범진보 지지율 편차

투표 참여 의향 외에 '그들' 내 보수층을 들여다볼 수 있는 다른 수치가 있다. 한겨레사회정책연구소와 보건사회연구원의 여론조사 결과를 토대로 '그들'을 진보의 길로 추동한 세 가지 요인과 이념 성향의 상관관계를 분석한 결과다. 이 결과를 보면 '그들' 내 보수층의 수치가 현격하게 떨어진다. '그들' 내 진보층에 비해 떨어질 뿐만 아니라 선후배 보수층에 비해서도 떨어진다. '그들'의 경우 요인별로 진보 이념이 낮게 나온 층이 경제적 상층, 정치 관심도가 낮아진 층, SNS 비이용자층인데 그 수치가 대부분 최저를 기록했고, 이에 따라 진보 이념이 가장 높게 나온 층(경제적 중층, 정치 관심도가 높아진 층, SNS 이용자층)과의 편차도 가장 극심하다. 경제적 지위 항목에서의 편차를 보면 '88만원 세대'가 12.6%포인트, '386세대'가 7.1%포인트를 기록한 반면 '그들'은 21.2%포인트에 달한다. 정치 관심도와 SNS 이용 관련 항목에서도 '그들'의 편차가 각각 31.1%포인트와 14.6%포인트로 가장 높다.

이 같은 현상은 진영 지지도 편차에서도 비슷하게 나타난다. 경제적 지위 항목과 정치 관심도 항목에서의 편차를 보면 '그들'이 가장 높게 나온다. 그 편차가 각각 23.1%포인트와 37.7%포인트다.

이 수치에는 여러 가지 뜻이 담겨 있다. 첫째, ‘그들’에게 가장 큰 영향을 미친 세 요인에 보수층이 무감각했다는 것이다. 똑같은 ‘그들’인데도 보수층은 진보층과는 다른 세상에 살고 있다. 둘째, ‘그들’ 내 보수층이 가장 오른쪽에 치우쳐 있다는 것이다. ‘88만원 세대’ 내의 보수층보다, ‘386세대’ 내의 보수층보다 더 오른쪽으로 치우쳐 있다. 셋째, ‘그들’ 내 보수층이 세력 면에서는 가장 작지만 견고성 면에서는 가장 단단하다는 것이다. 진보에 대한 저항의 정도가 가장 완고하다.

그런 점에서 ‘그들’ 내 보수층은 머물러 있는 존재다. 1990년대의 의식과 태도에서 한 발짝도 나아가지 않고 그대로 멈춰 버린 존재다. 정치에서 멀리 떨어져 홀로 살아 가는 사람들이다. 이 보수층이 바로 ‘그들’의 음극이다.

의식 이전의 정서

행여 이런 전망이 나올지 모르겠다. ‘그들’ 내 보수층이 진보층처럼 떨쳐 일어나지 않겠느냐는 전망 말이다. 어차피 ‘그들’의 문화적, 기질적 바탕을 형성한 1990년대의 경험은 ‘그들’ 내 보수층도 공유하는 것이니만큼 마땅한 보수 정치인이 나오고, 자기들끼리 소통할 컨텐츠가 주어지면 ‘그들’ 내 보수층도 진보층처럼 정치판에 적극 참여하지 않겠느냐는 전망 말이다.

하지만 이런 전망이 실현될 가능성은 별로 없다. 근거는 두 가지다.

보수 정치인과 보수 컨텐츠가 충분히 공급됐던 2007년 대선에서도 '그들' 내 보수층이 조직적으로 선거에 참여한 적이 없다는 점이 첫 번째 근거다. 거듭 말하지만 '그들' 내 보수층은 정치에서 멀리 떨어져 있다. 맘에 안 들어 참여하지 않는 게 아니라 아예 관심이 없다. 두 번째 근거는 박근혜 의원이다. 보수 후보로 결정된 박근혜 의원은 소통을 달가워하지 않고 수평적 스킨십을 반기지 않는다. '그들' 내 보수층과 손잡을 여지가 거의 없다고 봐도 무방하다. 적어도 2012년 대선에서는 '그들' 내 보수층이 정치에 눈을 돌릴 여지가 거의 없다.

오히려 문제는 '그들' 내 진보층에 있다. '그들' 내 진보층의 일희일비하고 오락가락하는 기질이 문제다. 이미 목도한 바 있다. 2012년 총선 전후에 '그들' 내 진보층의 주된 놀이터인 트위터 공간에서 얼마나 대조적인 모습을 보였는지 충분히 확인했다. 총선이 있기 전까지 트위터 공간은 선거 승리를 단정하는 분위기로 들떠 있었다. 범진보 진영의 승리는 따 논 당상, 남은 건 원내 과반 여부라는 낙관적인 분위기가 넘실댔다. 하지만 투표함이 열리자 트위터는 푹 가라앉았다. 범진보 진영의 패배가 확정되자 '멘탈 붕괴' 현상이 전염병처럼 번졌고 트윗 횟수는 절반으로 떨어졌다.

목격한 게 하나 더 있다. 정치인 팬클럽 카페의 흥망성쇠다. '노사모'로 시작해 '문함대', '시민사랑'을 거쳐 '대장부엉이', '아나요', '미권스'에 이르는 정치인 팬클럽 카페의 회원은 서로 겹치고 이동은 잦다. 또한 회원끼리 다투고 갈라서는 경우도 적잖게 나타난다. 이런 과정에서 진보의 노마드족이 출현한다. 가능성 있고 친화력 있고 전도가 유망한 정치인을 찾아 이리저리 떠도는 진보 유목민이 동에 번쩍 서에 번쩍한다. 이 진보 노마드족이 정치판에 뛰어들어 게임을 벌이면서 범진보 진영의 혼조세를 가중한다.

'그들'이 주도하는 트위터와 정치인 팬클럽 카페의 부침은 '그들' 고유의 정치 참여 방식에 기인한다. 팬덤·놀이·게임으로 압축되는 그 방식 말이다. 누구를 '사랑하는' 마음은 오래가지 않는다. 특히 '사랑하는' 마음이 대상의 철학과 비전 때문이 아니라 대상의 이미지에 끌려 일어난 것이라면 더더욱 그렇다. '사랑은 움직인다'는 속설이 더욱 강화된다.

놀이와 게임은 종속적이다. 놀이와 게임은 '사랑하는' 마음을 전제로 한 것, 다시 말해 대상에 자기 마음을 투사했을 때만 가능한 것이다. 따라서 놀이와 게임의 양상은 '사랑하는' 마음의 출렁임에 영향을 받는다.

이 점에 기초해 보면 '그들'의 진보성은 의식보다는 정서에 가깝다. 정서의 지배를 많이 받기에 외부 환경의 변화에 따라 쉬 출렁인다. '그들' 내에서 쉬 출렁이는 것과는 정반대의 현상, 즉 맹목적 진영논리가 발현되는 경우도 적지 않은데 이 또한 같은 속성이다. 속이 단단할수록 겉은 부드럽고 속이 여릴수록 겉은 단단하다. 이게 자연의 이치요, 정서의 이치다. '그들'의 과도한 진영논리는 정서의 발현이요, 정서 유지를 위한 보호막이다. 정서에 가까운 진보성, 그래서 불안정해 보이는 진보성, 이것이 '그들'에게 드리워진 그림자다.

진화하는 진보성

　하지만 걱정할 필요가 없다. '그들'의 진보성이 의식보다는 정서에 기반하고 있다고 해서, '그들'의 참여 방식인 팬덤·놀이·게임이 범진보 진영의 혼조세를 가중한다고 해서 비관적으로 바라볼 필요는 전혀 없다.

　다른, 더 큰 요인이 있다. '그들'을 옥죄는 제일의 요인, 즉 신자유주의에서 비롯된 삶의 양극화가 '그들'의 불안정성을 중화한다. '그들'을 에워싸고 있는 삶의 환경이 근본적으로 개선되지 않는 한 '그들'의 출렁임은 찻잔을 넘는 정도로까지 확장되지 않는다. 오히려 제일의 요인이 '그들'의 그림자, 즉 정서에 기반한 진보성의 한계를 불식할 가능성이 높다. 정서를 의식으로 승화시키는 촉진제 역할을 할 공산이 크다.

　이미 그런 조짐이 나타나고 있다. 한국갤럽이 2002년 대선부터 2012년 총선까지 다섯 번의 총·대선을 전후해 실시한 여론조사 결과를 보면 '그들'의 진보성이 계급의식과 접목되려는 조짐이 나타난다. 통합진보당에 대한 '그들'의 지지율이 선후배에 비해 높게 나오는 점이 방증한다. 2002년 대선 때는 지지율이 '386세대'에 미치지 못했지만 그 이후로는 2040세대 중 가장 높은 지지율을 보인다. 앞서 살폈던 '그들'의 진보성 강화 추이와 동일한 추세를 보인다. 물론 통합진보당에 대한 지지를 계급의식의 발로로 등치시키는 건 무리가 있을지 모른다. 다른 여러 요인을 더 살피지 않고 성급하게 단정하는 것일 수도 있다. 그럼에도 불구하고 조심스럽게 이같이 분석하는 이유가 있다. 한겨레사회정책연

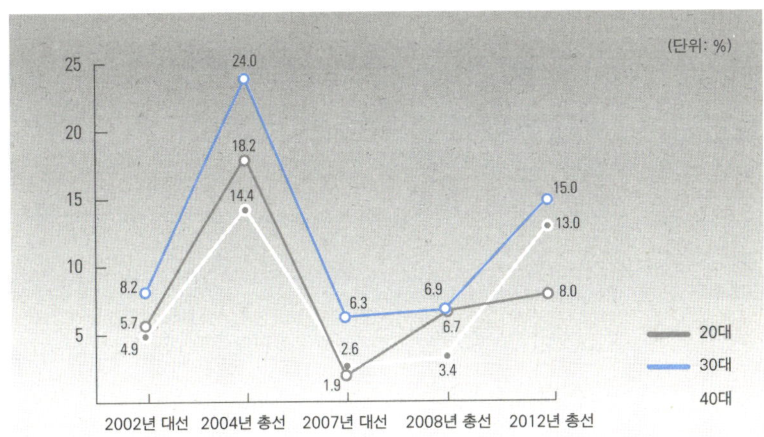

연령대별 통합진보당 지지율

구소와 보건사회연구원의 조사 결과를 보면 '그들' 중에서도 경제적 지위에 따라 통합진보당에 대한 지지율이 다르다. 경제적 상층은 지지율이 9.7%로 가장 낮고 경제적 하층은 18.2%로 가장 높다. 바로 이게 근거다. '그들'의 진보성은 조금씩 계급성을 띠고 있다. 열매 맺는 수준은 아니어도 싹은 틔우고 있다.

이 같은 분석은 '그들'이 FGI에서 쏟아낸 통합진보당에 대한 호평에서도 거듭 확인할 수 있다.

김종배 진보 정당 하면 떠오르는 이미지는 뭡니까?

추길영 저는 진보당 잘 몰라요.

지석현 진보당은 옆집 아저씨, 좀 더 친근해요.

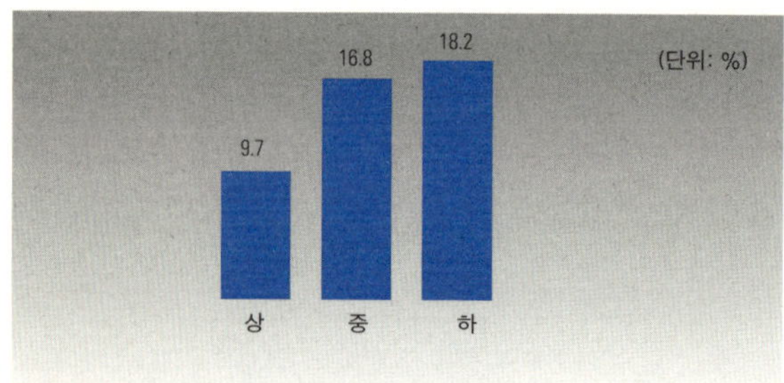

30대의 경제적 지위별 통합진보당 지지율

박영숙 어설픈 '신삥'.

장정수 글쎄, 잘 모르겠는데, 느낌은 잘 모르겠습니다.

도정훈 열심, 초심, 뭐 이런 거.

최서연 희망이자 걱정.

한신정 저는 '새싹'이 떠올라요.

이두일 일당백.

김영선 그냥 고생이 많다.

FGI에 참여한 '그들'의 시선은 이처럼 우호적이다. 앞에서 살핀 새누리당과 민주통합당에 대한 평가보다는 상당히 우호적이다. 새누리당에 대해서는 기득권과 부패를, 민주통합당에 대해서는 무능과 정체성 모호를 주된 문제로 꼽은 반면 통합진보당에 대해서는 진정성을 보려고 하고 희망을 타진하려고 한다.

'그들'은 이렇게 조금씩 더 확실한 진보의 길로 나아가려고 한다. 아직은 더디지만 한 발 한 발 더 내디디려고 한다. 통합진보당이 부정 경선 뒤끝의 내홍으로 '그들'의 구애를 제 발로 걸어차고 있지만 그것은 둘째 문제다. '그들'이 통합진보당으로 한 발 더 다가가려고 하는 건 통합진보당이라는 특정 정당에 대한 호감이라기보다는 진보 정당에 대한 필요에 기초한 것이다. 민주통합당으로는 채워지지 않는 정책적 갈증 때문이다. 이 근본적 필요가 유지되는 한 '그들'은 더 확실한 진보의 길을 걸으려 할 것이고 계급의식을 더 크게 키우려 할 것이다.

'그들'의 진보성은 지금도 현재진행형으로 진화하고 있다.

남은 문제들

일각에선 '그들'의 진보성이 조만간 쇠락의 길에 접어들 것으로 예측한다. '그들'이 서서히 40대로 진입하는 점을 들어 '그들'의 진보성이 약화될 것이라고 예단한다. 그러면서 '386세대'의 40대 행적을 근거로 제시한다. 하지만 동의하기 어렵다. 이유는 같다. 역설적이게도 '386세대'의 행적이 '그들'의 진보성 약화를 부정하는 강력한 근거다.

2007년 대선과 2008년 총선에서 '386세대'가 보인 보수적 정치 성향을 두고 변절이 운위된 적이 있지만 사실 이 평가는 오발탄이었다. 앞서 잠깐 짚은 것처럼 '386세대'(다시 한 번 강조한다. 여기서 언급하는 '386세대'는 대학 졸업자만이 아니라 1960년대생 전체다)의 진보성을 추동했던 요인은 '광주'와 '민주화'였으나 이는 1988년을 기점으로, 그리고 1997년을 종점으로 해서 해체됐다. 1988년 '광주청문회'를 거치면서 '광주'의 명예는 사실상 회복된 것으로, 1997년 김대중의 당선, 즉 역사상 최초의 정권 교체로 '민주화'는 사실상 달성된 것으로 간주되었고 '386세대'의 진 보성은 해체 수순에 들어갔다. 역사적 책무를 다했다며 의식의 휴지기 에 들어갔다. 2007년 대선과 2008년 총선 때 보인 '386세대'의 정치 성 향은 이런 흐름의 귀결이었다. 세대 내 연대의 끈이 끊어져 버린 상태에 서 나온 자연스러운 분산투표였다.

'386세대'가 이명박 정부 들어 다시 진보 대열에 합류한 것은 새로 운 추동요인의 귀결이었다. 사실상 달성된 것으로 간주됐던 '민주화'가 절차적 민주화에 불과하며, 내용의 민주화는 아직 요원하다는 사실을 이명박 정부의 행태를 통해 확인하면서, 그리고 삶이 피폐해지고 있다 는 사실 또한 이명박 정부 들어 체감하면서 새롭게 진보성을 가다듬은 것이다. 따라서 이명박 정부 출범 후 치러진 각종 선거에서 '386세대' 가 적잖은 진보성을 내보인 것을 두고 '386세대'의 귀환이라고 표현하 는 것도 적절하지 않다. 그건 귀환이 아니라 새로운 탄생이다.

'386세대'의 행적에서 읽는 것처럼 정치·이념 성향은 시대의 산물 이고 삶의 귀결이다. 태어나면서 진보적인 사람도 없고 보수적인 사람 도 없다. 정치·이념 성향은 시대와 삶이 교차하면서 만들어 내는 결과 물이다.

'그들'도 예외일 수 없다. '그들'이 내보이는 진보성이 시대와 삶의 결과물이라면 '그들'의 앞날도 시대와 삶의 변화 가능성에 기초해 가늠 해야 하는데, 그 요인이 바뀔 조짐을 보이지 않는다.

'그들'을 옥죄는 삶의 양극화는 구조적인 문제로 쉬 바뀌기 어렵다.

신자유주의가 2008년 글로벌 금융위기로 일대 타격을 받았다고는 하지만 세계 경제 흐름은 순리가 아니라 역리로 흐르고 있다. 유로존 위기가 가중되면서 복지 축소와 같은 정반대 흐름이 나타나고 있다. 국내에서 대선을 앞두고 복지와 경제민주화 담론이 확장되고 있다고는 하지만 그 귀추를 단정하기 어려울뿐더러 세계 경제가 콜록대면 감기몸살을 앓는 우리 경제의 체질상 복지 확충과 경제민주화의 확장을 기대하기 어렵다.

'그들'의 진보성을 강화하는 요인 가운데 하나인 정치구조 또한 급격히 개선될 것이라고 보기 어렵다. 대선을 앞두고 안철수 요인이 불거진 것을 보아도 알 수 있다. 안철수 요인으로 인한 범진보 진영의 대선 승리 가능성과는 별개로 안철수 요인이 드러내는 범진보 진영의 허약성을 주목하면 그렇다. 범진보 진영이 안철수 요인에 목을 매는 현상을 거꾸로 읽으면 현존하는 범진보 진영의 정치 리더십이 취약하고 정치 질서는 불안정하다는 뜻이 된다. 안철수를 빼고 나면 박근혜에 대적할 강력한 정치 지도자가 없다는 뜻이 된다. 모두가 올망졸망한 도토리에 불과하다는 뜻이 된다. '그들'의 참여 이유와 필요는 여전히 크고 강하다.

'그들'을 낳았던 요인과 환경이 질적 변화의 조짐을 보이지 않는 한 '그들'의 진보성 또한 약화될 여지가 없다.

리모델링 세대

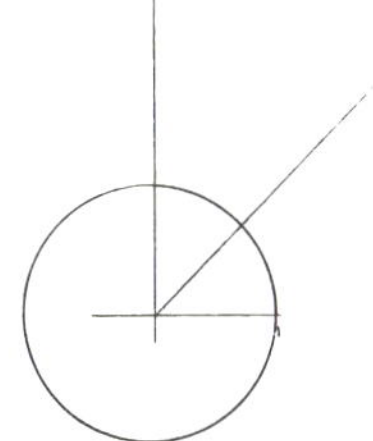

짚을 건 다 짚었다. '그들'의 진보성을 추동하는 요인도 짚었고, 진보성의 반면도 들춰 봤으며, 진보성의 확장 여지도 살펴봤다. 이제 남은 일은 딱 하나, '그들'이라는 이 무미건조한 호칭을 떼어 내는 일이다. 아무 내용이 담겨 있지 않은, 단지 지시대명사로만 기능하는 이 빈 껍데기 호칭을 버리고 '그들'에게 걸맞은 이름을 찾아주는 일이다.

영화 「건축학개론」으로 글을 시작했으니까 그와 관련된 용어로 작명하는 것도 나쁘지 않을 듯하다.

영화 속 주인공인 승민과 서연을 이어 주는 매개는 리모델링이다. 제주도 해안가의 낡은 집을 리모델링하면서 승민과 서연은 15년의 단절기를 극복하고, 잃었던 첫사랑을 확인한다. 더불어 서연은 버렸던 피아노를 다시 들이고 승민은 상처 받았던 마음을 치유한다. 그렇게 두 주인공의 삶 또한 리모델링된다.

닮았다. '그들'의 지나온 삶은, 그리고 진보성 강화과정은 영화 속 리모델링 과정과 닮았다.

'그들'은 정치를 리모델링한다. 정치권이 짜 놓은 판세를 따르지 않고 새로 만들려 하며, 정치권 위주의 구조에 속박되지 않고 새로 짜려고 하며, 정치 리더십을 추종하지 않고 새로 세우려 한다.

'그들'은 자신을 리모델링한다. 과거의 탈정치 속성을 버리고 정치의 한가운데로 뛰어들며, 과거의 '놀새' 행태를 버리고 능동적 유권자로 활동하며, 과거의 무개념 면모를 버리고 진보성을 탑재한다.

그런 점에서 '그들'은 '리모델링 세대'다. '그들'은 거듭난 존재이고, 지금도 거듭나려 애쓰는 존재다.

다른 점에서도 '그들'은 '리모델링 세대'다. 과거를 전면 부정하는 것이 아니라 계승할 건 계승하고 혁신할 건 혁신한다는 점에서도 '그들'은 '리모델링 세대'다.

'그들'은 이전 세대가 만든 골조를 허무는 게 아니라 그 골조를 유지한 채 새 기능을 덧붙인다. 이전 세대가 추구했던 '의미'를 부정하지 않되 거기에 '재미'를 추가한다.

'그들'은 과거에 보였던 문화를 버리는 게 아니라 그 기조를 유지한 채 새 용도로 활용한다. 놀이 문화를 소비 차원에서 생산 차원으로 재활용한다.

이리 보고 저리 봐도 분명하다. '그들'은 '리모델링 세대'다. 재건축된 존재가 아니라 재정립된 존재다.

영화 속에서 승민과 서연은 끝내 함께하지 못한다. 첫사랑을 확인하기는 하지만 끝내 맺어지지 못한다. 이루어질 수 없다는, 첫사랑의 그 숙명을 끝내 뛰어넘지 못한다. 승민과 서연은 15년이 지나 30대 중반의 성인이 되었는데도 여전히 첫사랑의 쳇바퀴에서 벗어나지 못한다.

첫사랑이 힘든 건 신뢰가 들어설 자리가 없기 때문인지 모른다. 뜨겁게 타오른 가슴에 차분한 신뢰가 들어설 자리가 없기 때문인지 모른다. 승민이 서연의 집 앞에서 목격한 단 한 컷의 장면에 절망한 것도 그런 연유였는지 모른다.

같다. 승민과 서연이 그랬던 것처럼 '리모델링 세대'도 지금 사랑앓이를 하고 있다. 늦게 찾아온 첫사랑에 젖어 달콤쌉싸름한 나날을 보낸다. 때로는 알콩달콩, 때로는 좌충우돌, 그렇게 시소를 탄다. 같다. 승민이 그러했던 것처럼 '리모델링 세대'도 열정이 지나친 나머지 냉정을 유지하지 못한다. 열정과 냉정 사이에서 균형추를 세우지 못하고 있다.

진보성은 계급의식과 역사의식이 합주해 내는 화음이다. 진보성은 삶의 역사적 좌표를 씨줄 삼고 삶의 사회적 환경을 날줄 삼아 만들어지는 순면이다. 그 순면에 당대의 가치, 곧 시대정신을 한 땀 한 땀 놓을 때만 진보는 구상화된다. '리모델링 세대'가 천착해야 하는 게 바로 이 시대정신이다.

사실 시대정신의 정립은 '리모델링 세대'의 문제가 아니라 정치권의 문제다. 시대정신을 곧추세워야 하는 주체도 정치권이고, 그 시대정신을 구현하기 위해 맨 먼저 나서야 하는 주체도 정치권이다. 하지만 범진보 진영은 무능하다. 그리고 무책임하다. 2012년 총선을 전후해 물리도록 보고 겪지 않았는가. 민주통합당은 반MB정서에만 기댄 채 새로운 가치를 창출하지도, 적절한 총선 구도를 짜지도 못했다. 섣부른 승리감에 취해 숟가락 싸움에 골몰한 결과 부적절한 공천 결과를 내놨고, 나아가 불거지는 이슈조차 제대로 관리하지 못했다. 이 같은 무능과 무책임은 자충수가 되어 새누리당에 원내 1당 자리를 헌납하는 결과를 낳았다. 통합진보당도 예외가 아니다. 총선에서의 지분 확보를 위해 여러 정파의 물리적 결합에만 골몰한 나머지 진보 정당다운 가치를 제시하지 못했을 뿐만 아니라 부정경선 파문이 불거진 후 당내 민주주의에 극히 취약한 속살을 드러냈다. 민주통합당이나 통합진보당 모두 '리모델링 세대'에게 시대정신을 제시하지도, 시대정신 구현을 위한 치열한 몸짓을 내보이지도 않았다.

'리모델링 세대'에게 시대정신을 세우라고 요구하는 건 이 대신 잇몸이라도 나서 달라는 소극적 당부가 아니다. 범진보 진영이 무능하고 무책임하니까 '리모델링 세대'라도 나서야 하는 것 아니냐는 투정 어린 촉구가 아니다.

'리모델링 세대'가 열어제친 새로운 정치문화에 주목하기 때문이다. 엘리트 정치집단과 엘리트 운동권 집단이 대중을 동원대상으로 삼는 3김시대의 정치문화가 아니라, 개방화된 정치집단과 능동적인 유권자가 공동으로 정치 결과물을 만들어 내는 새로운 정치문화에 착목하기 때문이다.

유권자는 더 이상 정치 소비자가 아니다. 정치권이 던져 주는 선택지 안에서 수동적으로 하나만 골라야 하는 어리숙한 정치 소비자가 아니다. 시장에서 소비자 주권시대가 열린 것처럼 정치판에서도 유권자 주인시대가 열렸다. 그 주역이 '리모델링 세대'다.

그래서 하는 말이다. '리모델링 세대'의 의식이 시대정신을 구성하고, '리모델링 세대'의 선택이 사회구도를 가르는 시대이기에 하는 말이다. 의식은 더 벼려야 하고 행동은 더 정밀해야 한다. 소통 공간에서 오가는 논의는 더 객관적이어야 하고, 참여 공간에서 취하는 선택은 더 냉정해야 한다.

곧추서려면 버팀목이 탄탄해야 한다. '리모델링 세대'의 하체가 탄탄해지길 바란다. 계급의식을 왼발 삼고 역사의식을 오른발 삼아 굳건히 땅 딛고 서길 바란다. 이제 발아단계에 있는 의식성에 물 주고 거름 줘서 꽃 피우고 열매 맺기를 바란다.

이루어질 수 없다는 첫사랑의 숙명을 보기 좋게, 아주 의연히 뛰어넘길 바란다.

30대 정치학

신자유주의, 1990년대 문화, SNS가 만들어낸 리모델링 세대

1판 1쇄 찍음 2012년 9월 12일
1판 1쇄 펴냄 2012년 9월 19일

지은이 김종배
펴낸이 박상준
펴낸곳 반비

출판등록 1997. 3. 24.(제16-1444호)
(135-887) 서울시 강남구 신사동 506 강남출판문화센터
대표전화 515-2000, 팩시밀리 515-2007
편집부 517-4263, 팩시밀리 514-2329

글ⓒ 김종배, 2012. Printed in Seoul, Korea.

ISBN 978-89-8371-443-5 03300

반비는 민음사출판그룹의 인문·교양 브랜드입니다.
블로그 http://banbi.tistory.com
페이스북 http://www.facebook.com/Banbibooks
트위터 http://twitter.com/banbibooks